Nordic Walking

Programme für Frauen

Petra Mommert-Jauch / Petra Regelin

Nordic Walking

Programme für Frauen

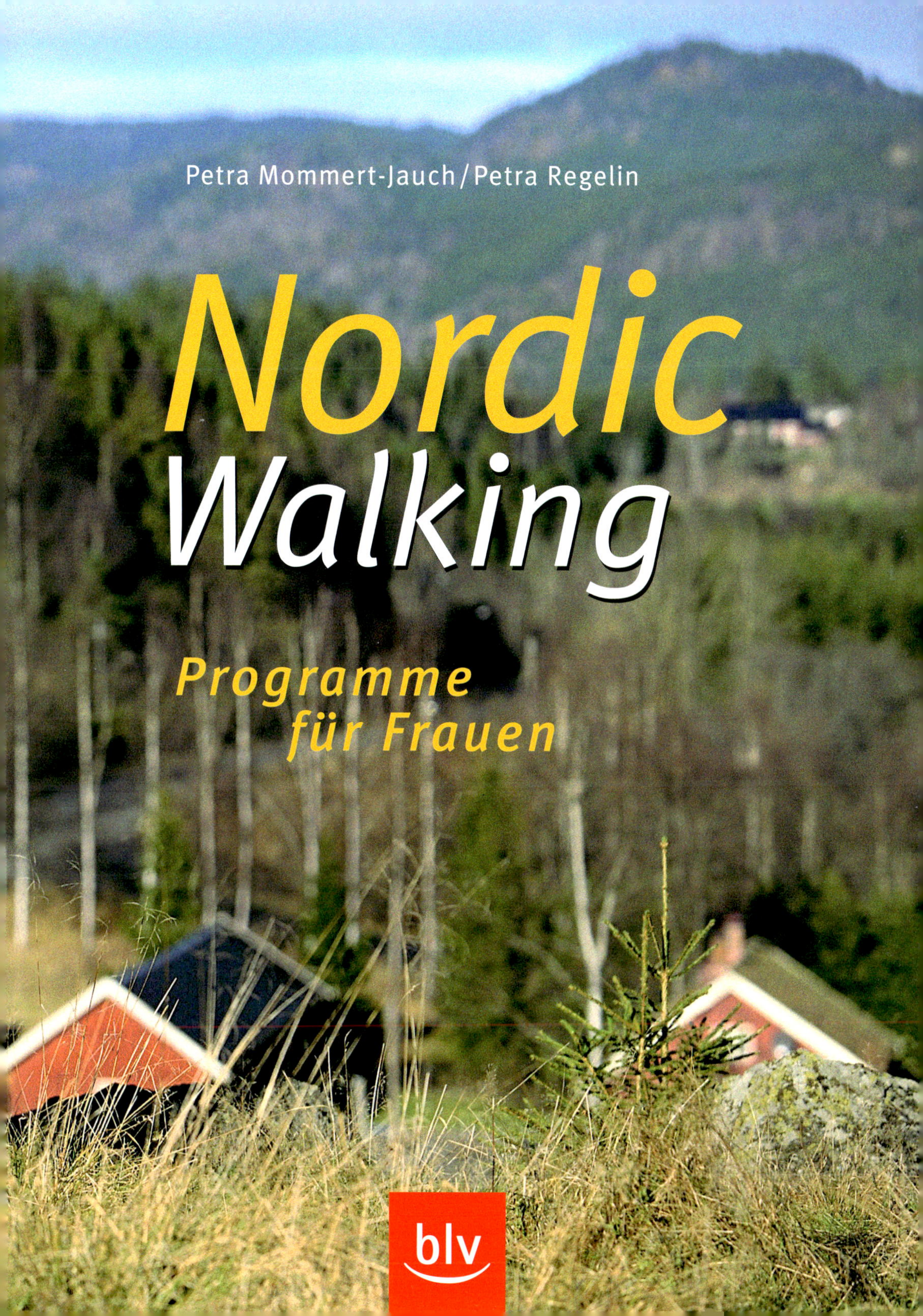

blv

Bewegen heißt leben

Ich spüre den Boden unter meinen Füßen.

Die Luft ist klar und angenehm warm. Ich atme tief ein – und aus.

Ich fühle mich fit und gesund, stark und trotzdem locker.

Muskeln, die sich freuen, endlich wieder zu arbeiten.

Ich setze einen Fuß vor den anderen.

Das Geheimnis des Nordic Walkings

Kräftig drücken meine Arme den Stock in den Boden. So stoße ich mich mit der Kraft meines Trizeps nach vorn ab, mein Körper richtet sich selbstbewusst auf. Und schon schwingt der leichte Stock locker nach hinten aus, meine Hand öffnet sich, ich entspanne mich. Das Blut durchströmt sanft meinen Körper, gelangt erst in Schultern und Arme, dann in Rücken und Nacken, schließlich ist es überall. Ich mache Nordic Walking - und es geht mir unendlich gut.

Erholung für Körper und Geist

Noch vor einer Stunde saß ich zu Hause am Schreibtisch. Versuchte mich auf meine Arbeit zu konzentrieren. Keine Chance - das Telefon klingelte, mein Sohn brauchte Hilfe bei den Hausaufgaben. Gleich musste auch noch die Tochter vom Kindergarten abgeholt werden, ständig wollte jemand anderes etwas von mir. Außerdem war keine Milch mehr im Kühlschrank.

Aber jetzt, jetzt geht's mir gut. Ich bleibe kurz stehen, sauge die frische Luft in mich hinein, genieße den Augenblick - und lebe. Nordic Walking tut mir gut! Einfach raus, durchatmen und die Hektik hinter mir lassen. Dem Alltagsstress entfliehen, neue Kräfte sammeln und die Batterien wieder aufladen. Die sanfte, immer gleiche Bewegung an der frischen Luft entspannt Kopf und Körper. Der Abstand hilft mir, wieder zu Besinnung zu kommen und zu mir zurückzufinden. Frischer Sauerstoff durchflutet meinen Körper. Das tut gut und gibt neue Energie. Wenn ich zurückkomme, geht es mir besser. Ich habe wieder Energie für meine Arbeit, Geduld für die Kinder und Kraft für mich selbst.

Ob allein oder in Gesellschaft – Nordic Walking ist gut für Körper und Geist.

Ich brauche Zeit für mich

Zuverlässige Ehefrau, liebevolle Mutter, wunderbare Geliebte, perfekte Hausfrau, kompetente Kollegin - die Ansprüche, die heute an Frauen gestellt werden, sind vielfältig und oft zu hoch. Der Frauenalltag ist immer häufiger von Hektik, Stress und Zeitdruck geprägt. Den wenigsten Frauen bleibt Zeit für sich selbst. Keine Zeit für Ruhe, für Entspannung und um einfach die Seele baumeln und die Gedanken treiben zu lassen. Keine Zeit für Bewegung, die dem Körper und der Seele gut tut, für Sport, der fordert und gleichzeitig entspannt. Doch wer sich auf Dauer überfordert und im Alltag permanent unter Druck steht, wird oft krank. Denn Dauerstress führt zu körperlicher und seelischer Erschöpfung. Das Immunsystem funktioniert nicht mehr optimal und die Abwehrkräfte werden geschwächt. Weitere Symptome können sein: Verspannungen in Schultern, Nacken oder Rücken, Magen- und Darmprobleme, Schlafstörungen oder ein permanentes Gefühl von Erschöpfung.

Andere Frauen bekommen Figurprobleme. Sie nehmen zu, weil sie in Stress-Situationen viel essen, weil sie zu schnell und überhastet essen oder weil sie das Gefühl haben, sich nur noch mit Essen etwas Gutes tun zu können. Sie nehmen sich keine Zeit für körperlichen Ausgleich und körperliche Entlastung. Auf Dauer setzen die Pfunde an, die Hosen passen nicht mehr, die Blusen werden zu eng. Irgendwann trägt man seine Kleidung eine, zwei oder sogar drei Kleidernummern größer – und hat gar nicht so recht gemerkt, wie das passieren konnte.

Bewegung beginnt im Kopf

Vielen Frauen kommt irgendwann der Gedanke »Ich möchte etwas ändern!«. Fragt sich nur, wie? Sanfte Bewegung nach dem Motto »mäßig, aber regelmäßig« kann eine Strategie sein, mit den vielfältigen Belastungen des Alltags besser zurecht zu kommen.

Wer sich beim Nordic Walking an der frischen Luft bewegt, der tut nicht nur seinem Körper etwas Gutes. Der sanfte Wohlfühl-Sport macht Sie auch psychisch stärker. Nordic Walking ist wie eine Auszeit vom Alltag. Die Psyche entspannt, der Kopf wird frei. Sie schöpfen neue Kraft und fühlen sich frischer, ausgeruhter und voller Energie. Das Walken mit den Spezialstöcken eignet sich für alle Frauen, die sich etwas Gutes tun wollen. Die Bewegung ist sanft und überfordert Sie nicht. Es ist nicht nötig, sich übermäßig anzustrengen. Trotzdem ist der Sport sehr effektiv. Sie trainieren Ihre Ausdauer und bauen gleichzeitig Muskulatur auf. Außerdem verbrennen Sie jede Menge Kalorien, fast so viel wie beim Joggen. Die typischen weiblichen Problemzonen wie Beine, Po, Hüfte und auch die Rückseite der Oberarme werden automatisch gekräftigt und gefestigt. Durch das betonte Abdrücken des Stockes nach hinten richtet sich der Oberkörper auf, und das verbessert auf Dauer sichtlich die Haltung. Sie gehen insgesamt aufrechter durchs Leben. Dies wirkt sich nicht nur auf die körperliche Ausstrahlung aus, sondern auch auf die Psyche. Nordic Walking ist einfach zu erlernen, unkompliziert und leicht umsetzbar. Sie brauchen nur ein Paar Stöcke und Laufschuhe. Sie sind nicht abhängig von einem Partner, Sie müssen sich nicht anmelden oder zu einer festgelegten Zeit an einem bestimmten Ort erscheinen. Nordic Walking ist weder teuer noch aufwändig. Sie selbst bestimmen, wann Sie walken. Sie bestimmen, wie lange Sie walken. Sie können allein losgehen oder sich mit Freunden verabreden. Sie können das Tempo steigern und sich fordern oder gemütlich einen Fuß vor den anderen setzen. Um auf Dauer regelmäßig aktiv zu bleiben, brauchen Sie natürlich auch ein wenig Disziplin. Aber wenn Sie spüren, wie gut das Training Ihnen tut, kommt das oft von ganz allein. Alles ist möglich – tun Sie den ersten Schritt!

Die Wirkung

Nordic Walking hat sich zum größten Fitness-Trend der letzten Jahre entwickelt. Keine andere Sportart hat in derart kurzer Zeit so viele Anhänger gefunden wie das Walken mit den Spezialstöcken. Was ist das Geheimnis des Nordic Walkings, dass es so viele Menschen motiviert, zu Stöcken zu greifen und loszuwandern? Es sind die vielen wohltuenden Wirkungen dieses Sports, die ihn so attraktiv machen - vor allem für Frauen. Nordic Walking bringt uns genau das, was wir brauchen und wollen: Gesundheit und jede Menge Power, mehr Balance und Wohlbefinden und eine gute, straffe und schlanke Figur. Nordic Walking hält jung. Es reguliert den Hormonhaushalt, strafft die Muskeln, glättet die Haut.

Gut für die Gesundheit: Nordic Walking und viel trinken.

Für mehr Gesundheit und Power

Nordic Walking ist ein toller Gesundheitssport. Mit Nordic Walking bringen Sie Herz und Kreislauf in Schwung. Wenn Sie sich regelmäßig bewegen, schützen Sie sich damit vor Herz-Kreislauf-Erkrankungen wie Herzinfarkt oder Schlaganfall. Das hängt damit zusammen, dass ein Herz, das regelmäßig trainiert wird, auf Dauer ökonomischer arbeitet. Die gleiche Menge Blut und Sauerstoff wird mit weniger Aufwand durch den Körper gepumpt - und das schützt vor Durchblutungsstörungen am Herzen oder im Gehirn. Studien belegen, dass regelmäßiger Ausdauersport die Wahrscheinlichkeit, eine Herz-Kreislauf-Erkrankung zu erleiden, erheblich senkt.

Nordic Walking ist ein sanftes Gelenktraining, das Ihren Gelenken rundum gut tut. Hüft-, Knie- und Fußgelenke werden locker bewegt - und dabei nicht überfordert. Das ist die beste Voraussetzung, um sie fit, gesund und leistungsfähig zu erhalten. Denn Gelenke brauchen Bewegung. Sonst werden sie unflexibel, nutzen schneller ab und verursachen Schmerzen.

Wenn der Stress zu viel wird: Schaffen Sie sich Auszeiten!

Für mehr Balance und Wohlbefinden

Wer ständig unter Druck steht, nur noch gereizt reagiert oder einfach völlig erschöpft ist, braucht eine Auszeit. Eine Möglichkeit, dem Druck zu entfliehen, sich zu entspannen und neue Kraft zu sammeln. Nordic Walking ist eine tolle Möglichkeit, Körper und Seele wieder in Balance zu bringen. Der Sport hilft Ihnen, Stress abzubauen und neue Kräfte zu sammeln.

Für eine gute Figur

Sie können Nordic Walking gezielt einsetzen, um schlanker zu werden. Beim Nordic Walking verbrennen Sie jede Menge Energie. Im Vergleich zum Walken ohne Stöcke steigt der Kalorienverbrauch um über 10 %. Das Sportkrankenhaus Hellersen hat ermittelt: Wenn Sie eine Stunde lang mit einer Geschwindigkeit von 5 km/h und bei einer Steigung von 5 % Nordic walken, verbrennen Sie dabei 486 kcal. Beim Walking ohne Stöcke sind es nur 428 kcal. Sie haben also durch den Stockeinsatz einen um 11 % höheren Energieverbrauch.
Wenn Sie regelmäßig Nordic Walking machen, wird das auch Auswirkungen auf Ihre Figur haben - vorausgesetzt, Sie essen nicht mehr als sonst. Effektiver ist es, das Nordic-Walking-Programm mit einem veränderten Essverhalten zu kombinieren.

Zum Jungbleiben

Im Alter von 20 Jahren sind wir biologisch gesehen in Topform. Unsere Organe und Organsysteme befinden sich auf dem Höhepunkt ihrer Leistungsfähigkeit. Doch die Natur ist unerbittlich: Bereits ab dem 30. Lebensjahr beginnt der Alterungsprozess. Der Körper verändert sich langsam, aber unaufhörlich: Muskeln werden abgebaut, der Hormonspiegel verändert sich, die körperliche Leistungsfähigkeit lässt nach. Nun die gute Nachricht: Diese Prozesse laufen nicht bei jedem Menschen in gleicher Ausprägung und mit dem gleichen Tempo ab. Wer sich fit hält und gesund lebt, kann die natürlichen Umbauprozesse verlangsamen und sich dadurch viel länger jung und gesund fühlen.

Nordic Walking ist ein toller Sport für alle, die möglichst lange jung, gesund und fit bleiben wollen. Sport hält ihre inneren Organe, ihre Knochen, Gelenke und Muskeln fit und gesund, sie stärken ihr Immunsystem, straffen ihre Haut und fördern die Hormonproduktion. Wird der Körper nicht benutzt, verkümmern seine Funktionen und seine Leistungsfähigkeit mit der Zeit automatisch. Egal ob Herz und Kreislauf, Muskulatur, Gelenke, Knochen oder Rücken – was nicht regelmäßig gebraucht und aktiviert wird, wird automatisch immer schwächer. Gibt es einen Jungbrunnen? Ja, der Jungbrunnen heißt bewegen, bewegen, bewegen!

8 GRÜNDE FÜR NORDIC WALKING

Unter der Voraussetzung, dass die Technik richtig erlernt wird, sprechen die folgenden Punkte für Nordic Walking.

1. **Nordic Walking schont Hüft-, Knie- und Fußgelenke. Untersuchungen über das Gehen in der Ebene zeigen, dass der Stockeinsatz die Last des Körpers auf die Beine und auf die Wirbelsäule in der Minute 45-mal um jeweils 5 Kilogramm verringert. Das sind in einer Stunde 2700-mal 5 Kilogramm weniger Belastung. Pro Gehstunde auf geradem Untergrund werden so Hüfte, Knie, Füßen und Wirbelsäule 13 Tonnen Gewicht abgenommen.**
2. **Der Oberkörper wird optimal gekräftigt, vor allem die Brust-, Schulter- und Armmuskeln sowie die oberen Rückenmuskeln.**
3. **Auch wenn's langsam aussieht – durch den Einsatz der Stöcke werden 90 % aller Muskeln trainiert. Wesentlich mehr als beim Joggen, Radfahren oder bei der Rückengymnastik.**
4. **Nordic Walking eignet sich zur Vorbeugung der Osteoporose besser als Schwimmen oder Radfahren. Entscheidend ist, dass die Knochen sanfte Druck- und Gewichtsbelastungen brauchen, um die Knochen bildenden Zellen anzuregen.**
5. **Obwohl Nordic Walking sehr sanft ist, werden Herz und Kreislauf effektiv in Schwung gebracht. Die Belastung reicht aus, um sich damit vor Herz-Kreislauf-Erkrankungen zu schützen.**
6. **Beim Nordic Walking verbrennen Sie vergleichsweise viel Energie (etwa 400 kcal pro Stunde), also 10 % mehr als beim normalen Walking – eine gute Voraussetzung, um abzunehmen oder das Gewicht zu stabilisieren.**
7. **Nordic Walking ist ein tolles Fatburn-Training, weil es sanft ist und der Puls nicht in Schwindel erregende Höhen ansteigt – optimal, um die Fettverbrennung anzuregen und den Fettstoffwechsel zu aktivieren.**
8. **Durch das Gehen mit den Stöcken wird der sensible und für Verspannungen äußerst anfällige Schulter-Nacken-Bereich optimal durchblutet und mit Sauerstoff versorgt. Dadurch lösen sich die Muskelverspannungen häufig von ganz allein. Nacken- und Kopfschmerzen können schon nach kurzer Zeit nachlassen.**

Jetzt geht's los

Um es mit Jonathan Swift zu sagen:

»Der Anfang großer Ereignisse ist – wie der Anfang großer Flüsse – oft unscheinbar und klein.«

Nachdem wir uns um das Outfit gekümmert haben, setzen wir einen Fuß vor den anderen. Schritt für Schritt lernen wir die Technik und erkennen das Geheimnis von Nordic Walking.

Die passende Ausrüstung

Tatsächlich: Der Mensch hat die angeborenen Fähigkeiten dazu zu lernen, sich umzustellen und zu handeln. Wir haben uns entschlossen und wollen jetzt auch sofort mit Nordic Walking beginnen. Dabei ist die erste Frage, die eine Frau schon von Haus aus bewegt »Was zieh ich an?«. Eigentlich sind das einzig »Außergewöhnliche« beim Nordic Walking die Stöcke. Also würde es theoretisch ausreichen, sich nur damit zu befassen. Aber weil es zum passenden Anlass die passende Kleidung gibt, ist gerade die Funktionalität der Kleidung wichtig für das Wohlbefinden. Oder würden Sie sich wohl fühlen, wenn Ihnen der eiskalte Ostwind die nasse Unterwäsche an der Haut gefrieren ließe?

Eine wichtige Verbindung: Stock-Schlaufe-Hand

Der richtige Stock

Weder Ski- noch Wanderstöcke sind geeignet zum Nordic Walking. Das total gute Gefühl rührt nämlich von der Handschlaufe am Nordic-Walking-Stock. Mit ihr können Sie loslassen – nämlich Stock und Kopf. Durch die Handschlaufe bleibt Ihr Stock schlichtweg am Handgelenk hängen und Sie müssen sich keine Gedanken machen, wie Sie den Stock wieder in die richtige Position bringen.
Probieren Sie die für Sie angenehmste Position aus. Zusammen mit dem Griffmaterial – vom ergonomisch geformten Foam-Griff über den hautfreundlichen Korkgriff bis hin zum Gummistrukturgriff – müssen Sie sich in der Handschlaufe und damit am Stock wohl fühlen.
Sollten Sie an der Hand übermäßig schwitzen oder auch leicht Blasen bekommen, bieten sich spezielle Nordic-Walking-Handschuhe an. Sie vermeiden Blasen und das Wegrutschen am Griff beispielsweise durch eine Silikon-Handflächenverstär-

kung. Auch im Winter sind diese geeignet, denn zu dick dürfen Handschuhe beim Nordic Walking nicht sein, sonst verlieren Sie das gute Griffgefühl. Das Stockmaterial selbst sollte möglichst leicht und dennoch stabil sein. Carbon hat sich hier auch dank seiner vibrationsdämpfenden Eigenschaften bewährt und kann sehr gut empfohlen werden. Vergessen Sie nicht, auf die Pads zu achten. Das sind die Gummiaufsätze unten an der Stockspitze. Sie müssen zwar leicht abnehmbar sein, aber dennoch auf Asphalt gut sitzen und dämpfen. Mit Stöcken ab 60 Euro sind Sie bei Beachtung der beschriebenen Kriterien gut ausgerüstet.

Funktionelle Kleidung

Nordic Walking ist eine Outdoor-Sportart. Deshalb wählen Sie ihre Kleidung so, dass Sie für heiß und trocken genauso wie für kalt und nass gewappnet sind. Immerhin erzeugen wir bei jedem Schritt Energie und 70 % davon in Form von Wärme. Damit diese Wärme gesund über die Haut abgegeben werden kann und Sie wegen des Hitzestaus nicht schlapp machen, brauchen Sie den richtigen »Hautkontakt«. Ihre Kleidung sollte mit atmungsaktiven Funktionsfasern ausgestattet, d. h. aus synthetischem Material sein. Der geliebte Baumwoll-Jogginganzug dient weniger zum

TIPP

Achten Sie auf die richtige Länge der Stöcke, sonst macht das Ganze nur halb so viel Spaß: Halten Sie die Stöcke am Griff und stellen Sie sie senkrecht vor sich auf den Boden. Jetzt sollte der Oberarm-Unterarm-Winkel nicht 90 Grad, sondern sogar 100 Grad sein. Das heißt, Ihr Unterarm sollte etwas nach unten abfallen. Dann können Sie einen harmonischen und flüssigen Bewegungsablauf erleben.

Sporttreiben als mehr zum Kuscheln zu Hause. Ganz wichtig ist auch die Unterwäsche. Sie darf nicht zu eng sein oder einschneiden und muss das Schwitzwasser nach außen abgeben. Die neuen Modelle sind häufig so geschnitten, dass man sie durchaus als T-Shirt tragen kann. Und eine gute Figur macht man dabei auch noch.

Das Schuhwerk

Steht man im Sportgeschäft vor den Schuhregalen, ist man gänzlich verwirrt. Worauf kommt es an? Eigentlich sind spezielle Nordic-Walking-Schuhe eine Mischung aus leichten Trekking- und etwas stabileren Jogging-Schuhen. Da Nordic Walking bei jedem Wind und Wetter Spaß machen soll, sollten Sie tatsächlich auf ein robusteres Obermaterial Wert legen, um trockenen und warmen Fußes das Walken genießen zu können. Drei Kriterien sollten Ihre Schuhe gerecht werden. Sie sollen:

- den Fuß beim Aufprall auf den Boden dämpfen: Je mehr Gewicht der Schuh tragen soll, desto härter müssen die Dämpfungselemente sein.
- das Fuß- und Sprunggelenk beim Auftreten auf den Boden stützen und trotzdem
- den Fuß flexibel abrollen lassen.

Ach ja, nicht vergessen, dass der Fuß etwas anschwillt, wenn es mollig warm ist. Also lieber eine Nummer größer kaufen als nachher mit Blasen an den Füßen leiden. Ganz wichtig ist: reinschlüpfen und wohl fühlen. Walken Sie, wenn möglich, probeweise auf einem Laufband. Der Verkäufer in einem guten Fachgeschäft kann individuell auf Ihren Fuß eingehen und Sie beraten. Sollten Sie aber partout keine Lust auf neue Schuhe haben, dann legen Sie mit Ihren Joggingschuhen los. In der weniger feuchten Jahreszeit ist das vollkommen o.k.

VON FRAU ZU FRAU

Beim Nordic Walking sind String-Tangas und normale BHs nicht die erste Wahl. Sie schneiden häufig ein, scheuern an Nähten und Verschlüssen und behindern womöglich das freie Atmen. Spezielle Sport-BHs sorgen auch bei etwas größerer Oberweite für mehr Komfort. Und sollten Sie ansonsten eher BH-los durchs Leben gegangen sein, so möchten wir Ihnen dennoch beim Nordic Walking zu einem BH raten: Unser Brustgewebe leidet stark unter intensiven Bewegungen. Und wer will es schon riskieren, auf diese Weise einen schlaffen Busen zu bekommen?

Sicherheitsregeln beachten

Klar ist es nett, zu zweit oder in der Gruppe zu walken. Aber das Schöne am Nordic Walking ist ja auch die Unabhängigkeit. Spontan entscheiden zu können, jetzt will ich los, nicht auf jemanden warten müssen. Bringen Sie sich dabei aber bitte nicht in missliche Lagen. Ein paar Regeln helfen Ihnen, wenn Sie alleine losziehen.

- Nehmen Sie auf alle Fälle ein Handy mit!
- Wählen Sie frequentierte Wege aus oder walken Sie mit Hund, der freut sich.
- Walken Sie an heißen Tagen lieber früh morgens oder abends. Könnte es ein Gewitter geben, walken Sie lieber nicht!
- Nehmen Sie sich immer eine gefüllte Trinkflasche und einen Müsliriegel oder eine Banane mit. Eine Notration kann manchmal überlebenswichtig sein.
- Ziehen Sie sich nach dem Zwiebelschalenprinzip an (inkl. Regenkleidung), dann sind Sie für alle Eventualitäten gerüstet.
- Walken Sie Strecken, die Ihnen bekannt sind und die Sie von der Entfernung her abschätzen können.

Funktionale Kleidung kann chic aussehen.

TIPP

Wenn Sie grundsätzlich gerne eine »Einzelkämpferin« sind, lohnt es sich vielleicht, auch mal einen Selbstverteidigungskurs zu besuchen. Vertrauen ist gut, Vorsorge ist möglicherweise besser. Es gibt solche Kurse speziell für Frauen.

- Sind Sie sich in der Belastung nicht sicher, dann walken Sie mit Herzfrequenzgerät. Denken Sie an die 3 L: Lieber lange langsam gewalkt als zu schnell und am Ende nicht mehr können!

Die richtige Technik

1

2

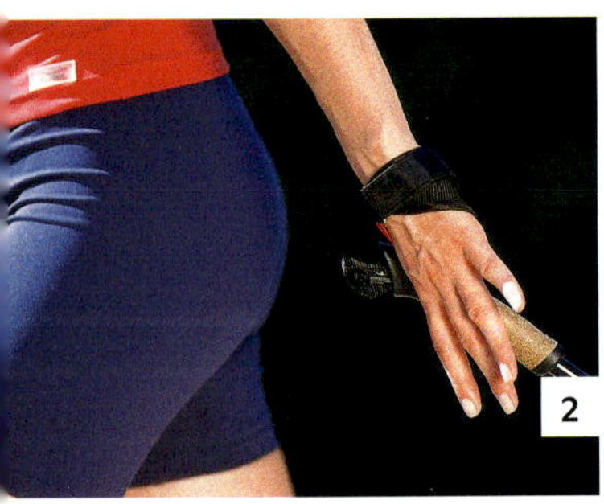

2

Frauen lernen mit Kopf und Gefühl. Und learning by doing ist häufig effektiver, als sich erst theoretisch mit der Sache auseinander zu setzen. Also legen wir los. In 4 Schritten steigen wir mitten in das echte »Nordic-Walking-Feeling« ein. Danach setzen wir uns mit ein paar Fehlerbildern auseinander, damit Sie sich Gutes tun und nicht das Gegenteil erreichen.

1. Schritt
Schlüpfen Sie in Ihre Handschlaufen. Walken Sie jetzt los, als hätten Sie keine Stöcke in Händen! Halten Sie die Stöcke gar nicht fest. Die Stöcke schleifen auf dem Boden. Die Arme hängen dabei locker an der Körperseite herab. Walken Sie bewusst locker im Schulterbereich und lassen Sie die Arme ganz natürlich vor und zurück mitschwingen. Die leichte Oberkörperdrehung bewegt die Arme ganz natürlich vor und zurück.

2. Schritt
Nachdem Sie gespürt haben, dass die Arme durch die lockere Oberkörperdrehung ganz natürlich mitschwingen, konzentrieren Sie sich jetzt auf die Handschlaufen: Sobald z.B. der linke Arm samt Stock nach vorne schwingt (nicht gehoben wird!) und Sie den Bodenkontakt der Stockspitze spüren, geben Sie mit der Hand Druck auf die Schlaufe. Beim Ausschwingen des Arms nach hinten öffnen Sie bewusst die Hand. Dieses Wechselspiel zwischen Druck am Stock und bewusstem Loslassen sollten Sie üben!

3. Schritt

Jetzt versuchen Sie sich an der korrekten Arm-Bein-Koordination: Geben Sie am linken Stock bewusst Druck auf die Handschlaufe und den Griff, wenn der rechte Fuß vorne am Boden aufsetzt. Lassen Sie dann den linken Stock mit langem Arm locker nach hinten ausschwingen. Der Ausschwung nach hinten ist die wichtigste Stockbewegung. Er hält Sie aufrecht und entlastet Sie im Nackenbereich.

3

4. Schritt

Versuchen Sie jetzt noch darauf zu achten, dass Sie Ihre Ferse vorne nicht zu steil aufsetzen, sondern flächig. Und ganz besonders wichtig ist, dass Ihr Knie vorne beim Aufsetzen auf dem Boden leicht gebeugt ist. Machen Sie also keine allzu großen Schritte.

TIPP

Versuchen Sie, den Bewegungsablauf bei unterschiedlichen Walk-Geschwindigkeiten umzusetzen. Gehen Sie aber immer wieder zu der Geschwindigkeit zurück, bei der Sie den korrekten Stockeinsatz, den Armschwung und das richtige Knieverhalten noch umsetzen können! Falls Sie nicht in Eigenregie mit Nordic Walking beginnen wollen, möchten wir Ihnen den Tipp geben, sich auf der Internet-Seite des Deutschen Walking Instituts (DWI) (www.walking.de) nach geschulten Walking Kursleitern oder sogar Walking-Therapeuten zu erkundigen. Diese sind nach neuesten wissenschaftlichen Erkenntnissen geschult und vermitteln Ihnen gerne eine orthopädisch einwandfreie Technik.

4

Technik en détail

Sie haben jetzt schon ein bisschen Erfahrung und das Gefühl für die Bewegung bekommen. Könnten wir uns jetzt auf ein paar Details konzentrieren? Diesmal gehen wir von unten nach oben vor und überprüfen stichpunktartig unsere Technik.

Der Fuß

Aufsetzen: Der Fuß setzt flächig auf der Ferse auf.
Abrollen: Er rollt tendenziell über die Außenkante nach vorne auf den Großzehenballen und drückt von dort kräftig ab.

Das Knie

Vorne beim Aufkommen: immer leicht gebeugt.
Hinten beim Abdrücken: kann es gestreckt sein.

Der Oberkörper

Aufrichtung: Das Brustbein ist angehoben.
Rotation: Eine leichte und natürliche Gegenrotation von Schulter- und Beckenachse (z. B. linke Schulter und rechte Hüfte bewegen sich gleichzeitig nach vorne) führt zur Stabilisation der Wirbelsäule.
Neigung nach vorne: nur beim Bergaufwalken.

Der Kopf/die Augen

Richtig: Kopf und Augen schauen Richtung Horizont.
Falsch: Kopf und Augen schauen 2-3-mal nach vorne-unten.

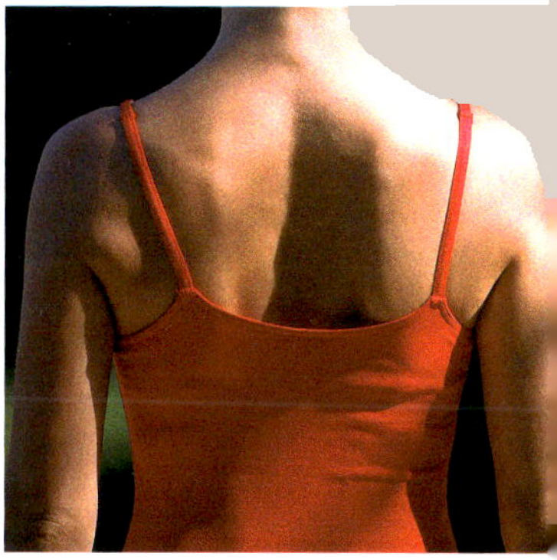

Die Schultern/Die Arme

Die Schultern: werden nach unten Richtung Gesäß gezogen.
Die Arme: schwingen lang und locker – bewegt durch die leichte Schulterrotation – nur leicht nach vorne, aber bewusst nach hinten.

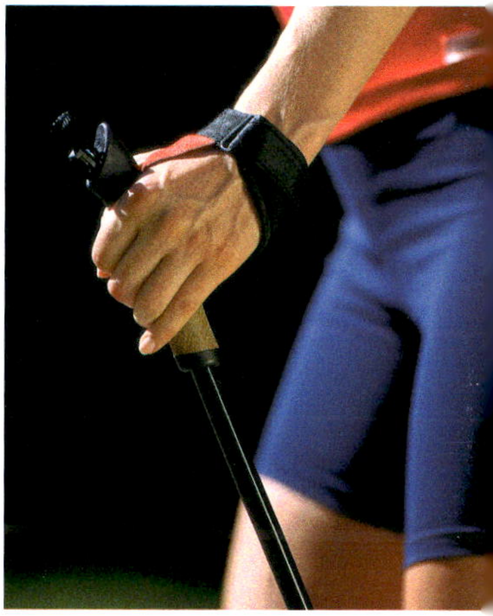

Die Hände

Beim Einstechen des Stockes: Die Hände umschließen den Griff und geben Druck.
Beim Ausschwingen nach hinten: Die Hände öffnen sich und lassen den Stock ausschwingen.

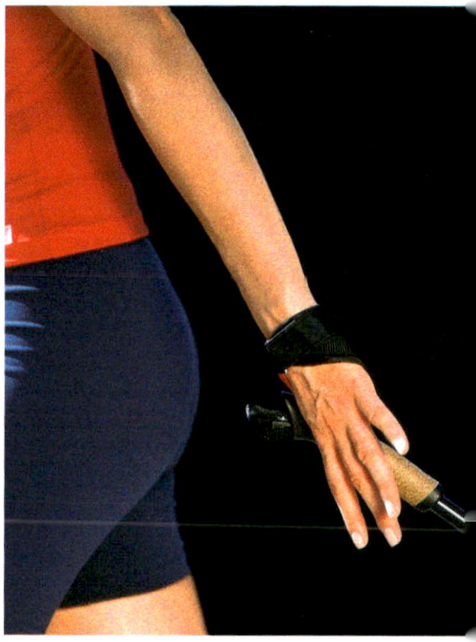

Die Stöcke

Einstechen: gleichzeitig mit Aufsetzen des gegenüberliegenden Fußes hinter dem Körper.
Ausschwingen: nach hinten mit langem Arm und geöffneten Händen.
Vorschwingen: in der Schlaufe pendelnd ohne Handfassung am Stock.

TIPP

Verlassen Sie sich immer auf Ihren sicheren Schritt und Stand und nicht auf die Stöcke. Stützen Sie sich nämlich zu sehr auf den Stöcken ab, werden Sie sich ein falsches Gangmuster aneignen und darüber hinaus die Schulter-Nacken-Muskulatur überbelasten.

Achtung Falle!

1

Sie haben die Details gecheckt und vielleicht den Eindruck, dass das eine oder andere noch nicht so richtig klappt. Mit den folgenden Anregungen möchten wir Ihnen helfen, die zwei Kardinalfehler beim Nordic Walken zu vermeiden.

Fehler 1

Zu steiles Aufsetzen auf der Ferse und gestrecktes Knie beim Aufkommen auf dem Boden.

Folge: Schienbein-, Knie-, Hüftgelenk- und Rückenschmerzen. Schienbeinprobleme sollten nach 4 Wochen regelmäßigem Nordic Walken vollständig verschwunden sein. Ist das nicht der Fall, liegt es sehr wahrscheinlich an diesem Fehler.

Lösung: Setzen Sie den Fuß flächiger auf der Ferse auf und machen Sie bewusst kürzere Schritte. Auch wenn Sie versuchen leiser zu gehen, werden Sie merken, wie Sie die Knie vorne eher gebeugt halten. Das werden Sie erst einmal als anstrengend empfinden. Auf Dauer schützt es Sie aber vor Schmerzen! Und trainiert Ihre Oberschenkelmuskulatur.

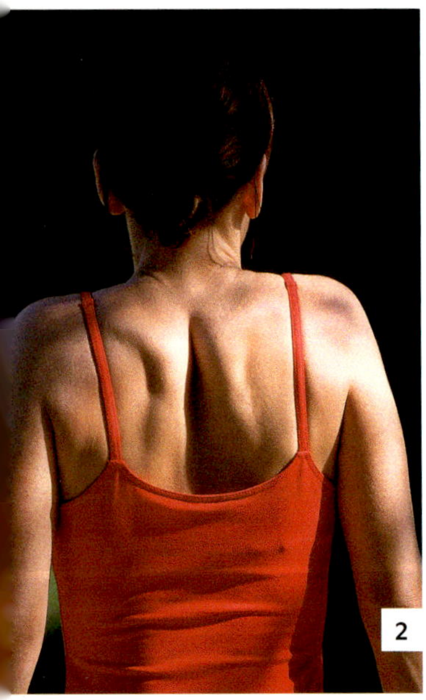

2

Fehler 2

Die Schultern werden hochgezogen.

Folge: Nacken-/Schulterschmerzen, Einschlafen der Hände.

Lösung: Achten Sie darauf, dass Sie besonders beim Stockabdruck gleichzeitig die Schulterblätter Richtung Gesäß nach unten ziehen und einen »langen« Nacken spüren. Genießen Sie dabei die Aufrichtung von Kopf bis Fuß. Die Konzentration darauf fällt am Anfang noch etwas schwer, macht sich aber nicht nur beim Nordic Walking bezahlt!

Der Weg ist das Ziel

Sie haben Ziele: Sie wollen eine gute Figur, innere Balance, gesund und leistungsfähig bleiben. Jedes dieser Ziele erfordert einen bestimmten Weg - ein Programm. Unsere Programme wollen Ihnen aber nichts vorschreiben, sondern sollen nur Wegweiser sein. Denn schließlich gibt es viele kleine Abzweigungen, die über Umwege auch zum Ziel führen. Um dennoch nicht von der großen Richtung abzukommen, gibt es ein paar goldene Regeln:

- Machen Sie beim Arzt einen Risiko-Check, falls Sie älter als 40 Jahre und bisher sportlich nicht aktiv sind.
- Zu einem effektiven Training gehört eine effektive Erholung: Lassen Sie Ihren Gelenken, Bändern, Muskeln und Organen Zeit, sich an die neue Herausforderung zu gewöhnen. Machen Sie mindestens 1-2 Tage Pause zwischen den Trainingseinheiten.
- »Fordern und nicht überfordern« ist die Devise: Es gibt verschiedene Methoden, die individuelle Belastung zu überwachen.

Die genaueste ist natürlich die mit Brustgurt und Pulsfrequenzmesser. Gleich danach erweist sich die Formel »180 - Lebensalter« als einfach und verlässlich. Sind Sie also beispielsweise 45 Jahre alt, dann sollte ein Puls von 135 Schlägen/Minute Ihr Richtwert sein. Dabei wird der Puls an der Hals- oder Handschlagader gemessen, indem Zeige- und Mittelfinger flach nebeneinander auf die Schlagader gelegt werden. Zählen Sie jetzt die Schläge 10 Sekunden lang direkt nach Ende Ihres Trainings oder auch zwischendurch. Die gemessene Anzahl wird dann mit 6 multipliziert und sollte im obigen Beispiel die 135 Schläge nicht mehr als max. 10 Schläge übersteigen.
Wollen Sie es noch einfacher haben, dann richten Sie sich nach Ihrem subjektiven Anstrengungsempfinden. Wissenschaftliche Untersuchungen haben gezeigt, dass Ihre Intensität dann ideal ist, wenn Sie Ihr Training als »leicht« oder »etwas schwer« empfinden. Vor allem aber: Walking and Talking! Solange Sie sich unterhalten können, überlasten Sie sich nicht.
Lassen Sie die »3 L« Ihr Motto sein: »Lieber Lange Langsam« walken, als zu schnell und früh abbrechen zu müssen.

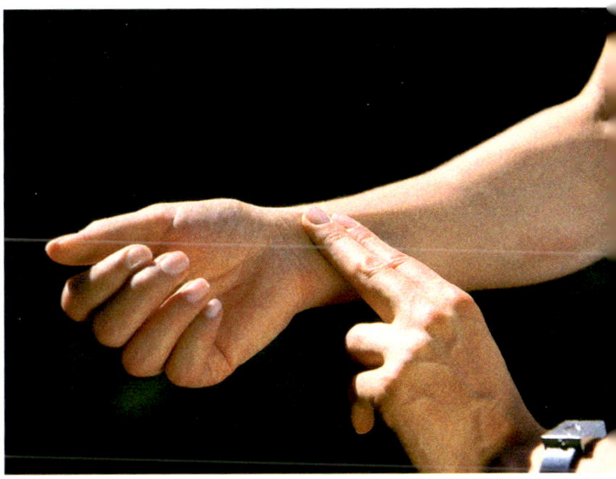

Messen Sie zwischendurch Ihren Puls.

Trainingsprogramme für Frauenwünsche

Glück ist gleichbedeutend mit innerem Gleichgewicht. Versuchen Sie deshalb, alles ins richtige Verhältnis zueinander zu bringen: Figur, Wohlbefinden, Gesundheit, Vitalität. Dadurch sorgen Sie für Ausgewogenheit und finden Ihre innere Balance wieder. Und jetzt suchen Sie aus. Wollen Sie mit dem Programm für eine gute Figur oder eher mit dem für das Jungbleiben beginnen? Vielleicht spricht Sie auch unser Programmvorschlag für Balance und Wohlbefinden an. Wenn Sie mit dem Gesundheitsprogramm beginnen, haben Sie sicherlich einen sanften Einstieg.

Ihr Ziel: eine schöne Figur

Diäten kommen und gehen wie Sand am Meer. Eins haben sie alle gemeinsam: Sie werden als die ultimative Patentlösung verkauft, die alles bisher Dagewesene ad absurdum führt. Erinnern wir uns an die Kohlenhydrate, die einmal als Dickmacher, dann wieder als Fitmacher galten und jetzt die Fette, die - in Fettaugen gezählt - eher verschmäht und jetzt provokant mit Slogans wie »Fett macht schlank« wieder auftauchen.

Wenn es nur so einfach wäre! Die meisten angebotenen und allzu simplen Patentdiäten berücksichtigen weder die komplexen Stoffwechselzusammenhänge im Körper noch die jeweils sehr individuellen Voraussetzungen jedes Einzelnen. Jeder hat andere Essbedürfnisse und eine ganz persönliche psychische und physische Struktur.

Wenn auch das Thema Ernährung noch nicht vollkommen geklärt ist, eins aber ist ganz sicher und wissenschaftlich bestätigt:

Essen und Trimmen - beides muss stimmen!

Absolut logisch ist das Gesetz der Energiebilanz: Wenn die Menge der aufgenommenen Kalorien der Menge der verbrauchten Kalorien entspricht, können Sie nicht zunehmen. Oder anders herum: Wenn Sie die Kalorienzufuhr nicht verändern wollen, dann sollten Sie für einen höheren Verbrauch sorgen.

Vergessen Sie aber eines nicht: Die Figur wird auch durch die Gene bestimmt. Die wenigsten Frauen haben die Anlage zur Claudia-Schiffer-Figur. Aber das, was Ihnen persönlich von der Natur mitgegeben wurde, können Sie sich durch einen ausgewogenen - denken Sie an Ihr Gleichgewicht! - Lebensstil erhalten. Tyrannisieren Sie sich nicht selbst, indem Sie jeden Tag die Waage befragen. Sondern sehen Sie jede Bewegung in Ihrem Alltag als Geschenk und Weg zur individuell ausgewogenen Figur!

Was Sie zur Gewichtskontrolle wissen sollten

Mehr Bewegung und Sport treiben - aber richtig - ist für den Körper das Elixier für mehr Wohlbefinden, Vitalität und Leistungsvermögen. Was sich dabei in unserem Körper abspielt, sind im Wesentlichen folgende Effekte:

- Jede Bewegung, ob im Beruf beim Aktenschleppen oder im Alltag beim Staubsaugen, verbraucht Kalorien. Unser täglicher Energieumsatz - der sog. Grundumsatz - wird dadurch erhöht. Wir verbrennen mehr Energie.
- Körperliche Aktivität erhöht aber nicht nur den momentanen Energieverbrauch. Pluspunkt ist die »Nachverbrennung«. Sie tun also nicht nur während der Bewegung und des Trainings etwas für Ihre schlanke Linie, sondern auch danach. Körperfett wird quasi im Nachbrenner eingeschmolzen.
- Sportliche Betätigung macht es Ihnen leichter, die Fette abzubauen und nicht nur die Kohlenhydrate zu verbrauchen. Und dazu kommt, dass eine erneute Fetteinlagerung durch entsprechende Enzyme erschwert wird.
- Ganz besonders gesund sind - wissenschaftlich nachgewiesen - die Auswirkungen eines Ausdauertrainings wie z.B. Nordic Walking auf das Herz-Kreislauf-System sowie den Fett-, Kohlenhydrat- und Insulinstoffwechsel: Der Blutdruck sinkt, ebenso das »schlechte« Cholesterin LDL, das »gute« HDL dagegen steigt und Ihre Fette im Blut (Triglyzeride) werden auch weniger.

TIPP

Die bevorzugte Energiequelle unseres Körpers sind die Kohlenhydrate. Die Fettreserven werden bei eher ruhiger, sitzender Arbeit gar nicht erst angezapft. Schwerarbeiter verbrauchen zum Teil täglich 3600 kcal und mehr. Bei sitzender Tätigkeit liegt der Energieverbrauch dagegen nur bei etwa 2000 bis 2400 kcal am Tag. Essen Sie in bewegungsarmen Zeiten also lieber eher ballaststoffreich und mehr Salat und Gemüse, um die Fettspeicher nicht noch mehr zu füllen.

So werden Sie die Pfunde los

Ausdauersport erhöht also die Fettverbrennungsquote. Und noch eine positive Botschaft: Je besser Ihr Trainingszustand wird, desto mehr Fette können Sie auch bei geringen Belastungen einschmelzen. Also Fatburning pur.

Sportliche Aktivität erhöht aber auch die Muskelmasse. Um nämlich Fette überhaupt im Körper verbrennen zu können, braucht man Muskeln, denn allein sie steigern den Kalorienverbrauch und sorgen langfristig für einen auf Dauer höheren Grundumsatz. Ein begleitendes Muskeltraining ist also eine ideale Ergänzung zum Nordic Walking.

TIPP

Für mehr Bewegung können Sie ganz einfach sorgen:

- **Parken Sie Ihr Auto etwas weiter weg vom Büro bzw. Arbeitsplatz.**
- **Telefonieren Sie im Gehen oder Stehen.**
- **Wenn Sie Musik hören bei der Arbeit, dann wippen Sie mit Ihren Füßen mit.**
- **Gehen Sie täglich mindestens 2–3 Treppen hoch.**
- **Nutzen Sie die Mittagspause, um frische Luft zu schnappen.**
- **Steigen Sie bei öffentlichen Verkehrsmitteln eine Station früher aus und gehen nach Hause.**
- **Ein Hund ist eine tolle Motivationshilfe. Da müssen Sie bei jedem Wetter raus.**
- **Stemmen Sie im Auto bei Gelegenheit die Arme nach oben gegen den Autohimmel und ziehen Sie das Lenkrad hin und wieder auseinander.**

Nicht zum Ausruhen gedacht, sondern als Kräftigungsübung für den Bauch.

Aufwärmen nicht vergessen!

Zwischen 5 und 10 Minuten sollten Sie sich vor jedem Training aufwärmen, denn dann fällt Ihnen das Training selbst leichter. Warum? Das hat ganz verschiedene Gründe:

- Durch dieses Warm-up wird die Leistungsfähigkeit Ihrer Muskeln ganz beträchtlich gesteigert, denn deren Temperatur wird erhöht. Dadurch laufen die Stoffwechselprozesse schneller ab und die Blutgefäße in den Muskeln weiten sich. Als Folge kann der Sauerstoff einerseits schneller zu den Muskeln transportiert werden, andererseits werden Abfallprodukte schneller abtransportiert.
- Um die Muskeln mit Sauerstoff zu versorgen, werden daneben Herz-Kreislauf-System und Atmung aktiviert, Ihr Herz schlägt schneller und kräftiger. Da Ihr Blut anfangs noch zähflüssig ist, müsste Ihr Herz ohne Warm-up viel mehr leisten, um dieses zähflüssige Blut durch die Gefäße zu pressen - womöglich würde es überfordert.
- Auch für die Gelenke ist dieses Aufwärmen wichtig, denn dadurch werden sie ohne Belastung aktiviert. Vor allem der Gelenkknorpel saugt sich in dieser Zeit voll mit Flüssigkeit und kann so Belastungen, die durch Druck verursacht werden, besser abpuffern.

Zum Aufwärmen haben Sie 2 Möglichkeiten:

- Entweder Sie walken die ersten 5-10 Minuten wirklich sehr behutsam und langsam und steigen dann in unser Programm ein oder
- Sie wärmen sich auf, indem Sie
  - auf der Stelle gehen und dabei beide Schultern rückwärts kreisen,
  - die Fersen nach hinten zum Po hochziehen und die Hände öffnen und schließen,
  - kleine Side-Steps machen und die Arme zur Seite öffnen und wieder schließen,
  - die Abrollbewegung des Fußes intensiv durchführen - so als ob Sie eine Walnuss zerdrücken wollten.

Weitere Übungen, die sich zum Aufwärmen eignen, finden Sie auf den folgenden Seiten.

Aufwärmen sollte fester Bestandteil des Trainings sein.

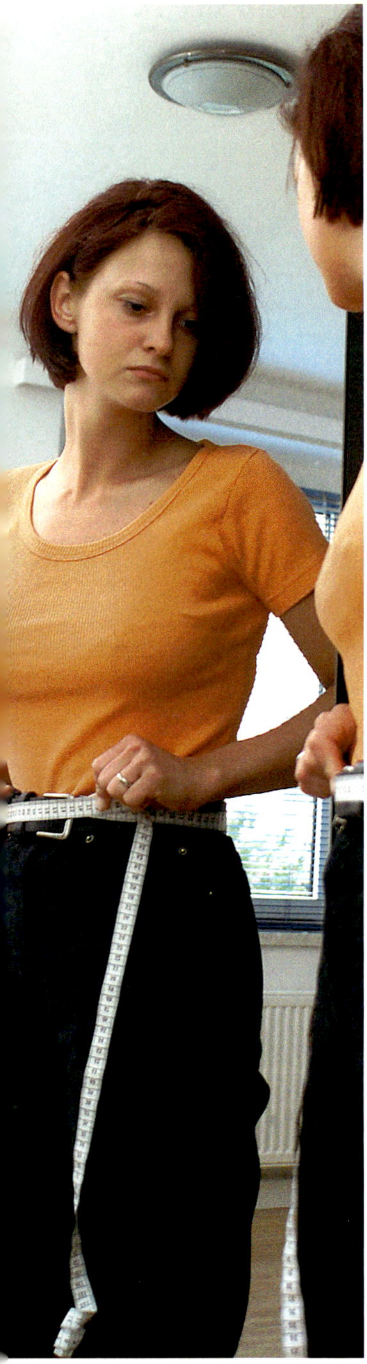

Ihr Programm zum Abnehmen

Ihr spezielles Programm, um einerseits den Energieverbrauch zu erhöhen und andererseits Muskelmasse aufzubauen, ist ein kombiniertes Nordic-Walking-Training mit muskelkräftigenden Übungen. Das Muskelaufbauprogramm dient auch dazu, dass trotz der purzelnden Pfunde die Haut nicht unschöne Falten wirft. Schmelzen beim Abnehmen nämlich die Fettzellen, kann sich die Haut häufig nicht so schnell der neuen Situation anpassen. Dann kommt es einem so vor, als würde sie ausgeleiert herunterhängen. Durch die Kombination aus Nordic Walking und muskelkräftigenden Übungen steigern Sie nicht nur die Fettverbrennung, sondern kommen auch nicht in Gefahr, Muskulatur zu verlieren! Denn bei jeder Form von Diät schwindet Muskelsubstanz, wenn man nicht - wie Sie jetzt - etwas zusätzlich für die Muskulatur tut. So werden Sie Ihre Fettverbrennung in den nächsten Wochen von untrainierten 35 % auf bis zu 75 % steigern!
Übrigens: Muskeln sind schwerer als Fett. Messen Sie Ihre Erfolge also weniger anhand der Waage, sondern lieber mit dem Maßband an Ihren Oberschenkeln und Ihrer Taille.

TIPP

Um Falten zu vermeiden, gibt es ein paar Tricks:

- **Nehmen Sie nicht zu schnell ab. Dann kann sich die Haut besser an die neuen Gegebenheiten anpassen.**
- **Machen Sie regelmäßig Kräftigungsübungen. Dann wird die Haut straffer und Sie steigern auch Ihren Kalorienverbrauch.**
- **Pflegen Sie Ihr Bindegewebe z. B. mit Salzbädern, Aloe-Produkten oder Algenwickeln. Das hält die Haut straff.**
- **Festigen Sie Ihr Bindegewebe zusätzlich durch Bürstenmassagen mit Sisalhandschuh oder Massagebürsten**
- **Essen Sie viel Obst und Gemüse, denn Vitamin C gilt als »Hautstraffer-Vitamin«.**

DAS MUSKELTRAINING

Wir möchten Ihnen jetzt Übungen zum Muskelaufbautraining vorstellen, die Sie innerhalb des Aufwärmprogramms oder sogar während des Nordic Walkens durchführen können. So verlieren Sie keine Zeit und heizen die Fettverbrennungsöfen gleichermaßen an wie die Muskelzellen.

1

Squats in Schrittstellung

Mit dieser Übung kräftigen und straffen Sie die vordere Oberschenkelmuskulatur.

1 Gehen Sie dafür mit dem linken Bein einen großen Schritt zurück. Die linke Ferse ist angehoben. Stützen Sie sich etwas auf die Stöcke, dadurch werden Ihre Knie entlastet und Sie verlieren nicht so leicht die Balance.

2 Senken Sie nun Ihr Becken langsam und gleichmäßig senkrecht nach unten und kommen dann wieder nach oben. Der Kniewinkel des rechten Beins sollte immer etwas größer sein als 90 Grad, d.h. Unter- und Oberschenkel sollten annähernd einen rechten Winkel bilden.
Wiederholen Sie diese Übung pro Bein 10–20-mal. Immer auf beiden Seiten üben!

2

Seitlift im Stand

1 Po- und Hüftmuskulatur kommen hier zum Zuge. Sie stützen sich mit der linken Hand auf den Stock und ziehen Ihren Bauchnabel nach innen zur Wirbelsäule. Jetzt spannen Sie Ihr rechtes Bein und heben es gerade nach außen und etwas nach hinten an und senken es dann wieder. Stellen Sie sich vor, Sie wollten einen Gegenstand mit Ihrem Bein wegdrücken. Die Fußspitze zeigt nach vorn. Wiederholen Sie diese Übung pro Bein 10–20-mal.

Gelenkschonende Liegestütze

2 Stellen Sie sich mit leicht gebeugten Knien hin und fixieren Sie Ihre Stöcke schräg vor dem Körper im Boden (nicht auf Asphalt!). Spannen Sie Bauch- und Gesäßmuskulatur an und senken Sie Ihren Oberkörper langsam. Die Ellbogen gehen dabei nach außen. Sie machen Liegestütze auf Ihren Stöcken. Danach drücken Sie sich wieder nach oben. Machen Sie diese Übung mit einer kleinen Pause dazwischen 2 x 5-mal.

Die Trizepsübung

3 Sie stützen sich auf die Stöcke, die Sie schräg und sicher etwas hinter dem Körper in den Boden eingestochen haben. Nun bewegen Sie das Gesäß nach unten, als wollten Sie sich hinsetzen. Versuchen Sie sich dann mit der Kraft Ihrer Arme wieder hochzudrücken. Bitte nicht die Luft anhalten, sondern fließend weiteratmen.

3

Das Sieb schütteln

4 Zum Schutze Ihrer Wirbelsäule nun eine letzte Übung für die tief liegenden Bauch- und Rückenmuskeln. Während des Walkens fassen Sie die Stöcke schulterbreit und ziehen an ihnen nach außen. Jetzt unbedingt den Bauchnabel Richtung Wirbelsäule nach innen ziehen. Stellen Sie sich jetzt vor, ein Sieb zu schütteln: Tun Sie das jetzt mit Ihren Stöcken 10 Sekunden lang ganz schnell nach rechts und links im Wechsel, ohne den Atem dabei anzuhalten. Diese Übung wird auf der Strecke 2–3-mal wiederholt.

4

1

Und nun zwei Übungen, die Sie auch während des Walkens durchführen können.

Up- and Down-Übung

1 Zur Arm-und Rückenkräftigung halten Sie Ihre Stöcke schulterbreit gefasst und ziehen sie leicht auseinander. Wenn Sie die Übung im Stehen machen, wird der Oberkörper leicht nach vorn genommen, die Knie sind leicht gebeugt. Während des Walkens bleibt der Oberkörper dagegen aufgerichtet.

2

2 Jetzt werden die Arme von unten bis über Kopfhöhe angehoben und wieder gesenkt. Wiederholen Sie diese Übung 2–3-mal auf Ihrer Strecke mit jeweils 10–20 Hebungen.
Und denken Sie dran: Zur Rückenkräftigung den Stock leicht auseinander ziehen!

So gehen Sie vor

Vor dem eigentlichen Training wärmen Sie sich grundsätzlich auf, dann walken Sie nach unserem im Programm stehenden Fahrplan los. Auf S. 25 haben wir Ihnen die Belastungssteuerung durch den Puls und Ihr subjektives Anstrengungsempfinden schon erklärt. Gerade wenn es um die Fettverbrennung geht, sollten Sie sich an die »3 L« - lieber lange langsam - erinnern.

Das Programm selbst ist so aufgebaut, dass sich Belastungsphasen und Erholungsphasen abwechseln. Beispiel :

- Beginn der Trainingseinheit. Sie walken 5 Minuten lang mit einer Belastungsstufe (BS), bei der Sie das Training als »leicht« oder »mittel« (im Programm in Klammer angegeben) empfinden.
- Dann walken Sie 1 Minute bewusst langsam (wird im Programm als Erholung bezeichnet).
- Diese Sequenz aus Belastung und Erholung wiederholen Sie 4-mal, sodass Sie insgesamt 20 Minuten walken.

Nach Beendigung der Einheit sollten Sie immer eine mindestens 5-minütige Auswalk-Phase einplanen, in der Sie bewusst langsam walken und die Stöcke mittig gefasst mitschwingen. Danach schließt sich ein Yoga- oder Stretching-Einheit an.

Nach dieser Einheit sollten Sie 1-2 Tage Pause (diese sind im Programm nicht aufgeführt, aber aus der Nummer der Trainingstage ersichtlich) machen, in die Sie aber selbstverständlich die vorgestellten Kräftigungsübungen einbauen können. Nach 6 Wochen werden Sie in der Lage sein, 60 Minuten ohne Pause in flotter Geschwindigkeit zu walken. Und das sollten Sie dann zukünftig 2-3-mal pro Woche tun.

6-WOCHEN-PLAN

1. WOCHE: 2 Trainingstage

1: 4 x 5 min Nordic Walking (leicht), je 1 min Erholung

4: 3 x 5 min + 1 x 10 min Nordic Walking (leicht), je 1 min Erholung

2. WOCHE: 2 Trainingstage

1: 2 x 5 min + 2 x 10 min Nordic Walking (mittel), je 1 min Erholung

4: 1 x 5 min + 3 x 10 min Nordic Walking (mittel), je 1 min Erholung

3. WOCHE: 3 Trainingstage

1: Fitness aus Fernost, 30 min Nordic Walking (locker), Yoga, Stretching

3: 30 min Nordic Walking meditativ, Stretching

5: Fitness aus Fernost, 30 min Nordic Walking (locker), Yoga, Stretching

4. WOCHE: 3 Trainingstage

1: Energie-Übungen, 40 min Nordic Walking (locker), Stretching

3: 40 min Nordic Walking meditativ, Stretching

5: Energie-Übungen, 40 min Nordic Walking (locker), Stretching

5. WOCHE: 3 Trainingstage

1: Fitness aus Fernost, 50 min Nordic Walking (locker), Yoga oder Energie-Übungen, Stretching

3: 30 min Nordic Walking meditativ

5: Fitness aus Fernost, 50 min Nordic Walking (locker), Yoga, Stretching

6. WOCHE: 3 Trainingstage

Programm der 5. Woche wiederholen

Cellulite? Da kann man was machen!

Spätestens bei der Anprobe des neuen Outfits vor dem Spiegel kommen sie wieder zum Vorschein – die ungeliebten Dellen an Oberschenkeln und Po. Rund 80 % aller Frauen ärgern sich über ihre schlaffer werdende Haut. Kein Wunder – ab dem 30. Lebensjahr beginnt der Körper, die elastischen Fasern des Bindegewebes abzubauen. Und mit jedem weiteren Jahr verlieren wir ein weiteres Prozent dieser Fasern. Völlig stoppen kann man den Abbauprozess nicht, aber man kann ihn aufhalten und damit auch die optischen Auswirkungen etwas abmildern.
Cellulite ist nichts anderes als Fett, das in dicken Trauben gegen die Haut nach oben drückt. Schuld daran ist die Struktur unserer Haut. Das weibliche Bindegewebe, das zwischen Oberhaut und Unterhaut-Fettgewebe liegt, ist äußerst flexibel. Seine Stützen aus Kollagen und elastischen Fasern sind extrem dehnbar. Dies hat die Natur bewusst so eingerichtet, damit die Haut während der Schwangerschaft nachgeben kann. Bei Männern liegen die Fasern netzartig übereinander und sind dadurch wesentlich fester miteinander verbunden. Deshalb können sich die Fettzellen bei ihnen nicht so schnell nach oben durchschieben.
Anders bei Frauen: Die Nachgiebigkeit des Bindegewebes wird von den Fettzellen gnadenlos ausgenutzt. Sie drängeln durch die Lücken nach oben und machen sich dort breit. Dann drücken sie durch die Haut und verursachen die typische Orangenhaut. Eine Wunderwaffe gegen Cellulite ist leider noch nicht erfunden. Klar ist jedoch: Sport gilt als die sicherste Methode, um Cellulite zu bekämpfen und die Haut zu straffen. Wer sich viel bewegt, die Ernährung auf fettarme Kost umstellt und regelmäßig etwas für die Durchblutung seiner Haut tut, zum Beispiel durch Massagen oder Wechselduschen, der hat die besten Chancen, sich erfolgreich gegen die unschönen Dellen zur Wehr zu setzen.

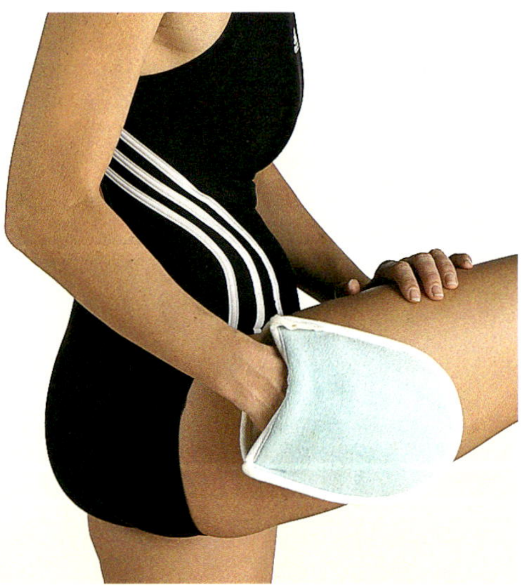

ANTI-CELLULITE-ÜBUNGEN

Squat

1 Zur Festigung von Oberschenkel und Po.
Gehen Sie in eine weite Grätsche, Knie und Füße etwas nach außen drehen. Hände auf die Oberschenkel legen. Nun den Po langsam nach unten senken – so als wollten Sie sich hinsetzen – und genauso langsam wieder hochkommen. Nicht zu tief hinuntergehen: Der Winkel zwischen Ober- und Unterschenkel darf nicht kleiner werden als 90°, sonst schaden Sie Ihren Knien. Rücken bleibt gerade! Übung 20–30-mal wiederholen. Danach die Beine lockern.

1

Seitlift

2 Zur Straffung der Oberschenkelaußenseite.
Legen Sie sich auf die linke Seite. Der Kopf ruht auf dem ausgestreckten linken Arm, mit dem rechten Arm stützen Sie sich vor dem Körper ab. Heben Sie das obere Bein an und bewegen Sie es langsam auf und wieder ab. Die Fußspitze zeigt dabei etwas nach unten. Wiederholen Sie die Übung 20–30-mal. Lockern Sie das Bein und wiederholen Sie die Übung auf der anderen Seite.

2

Po down

3 Für einen festen Po.
Auf den Rücken legen und beide Füße aufstellen. Den Po so weit anheben, bis Oberschenkel und Rumpf eine gerade Linie bilden, Bauch etwas anspannen. Senken Sie Ihren Po nun ab, ohne den Boden zu berühren. In die Ausgangsposition zurückkehren und die Gesäßmuskeln dabei deutlich anspannen. Übung 20–30-mal wiederholen.

Variante: (ohne Foto)
In Rückenlage ein Bein aufstellen, das andere lang nach vorn ausstrecken. Nun das Becken anheben und wieder senken. Übung 20–30-mal wiederholen.

3

Ihr Ziel: mehr Balance und Wohlbefinden

Viele Frauen leiden heute unter permanenter Hektik, unter ständigem Stress und Zeitdruck. Die Mehrfachbelastung durch Kinder, Haushalt und Beruf lässt ihnen keine Zeit mehr für sich selbst. Keine Zeit für Ruhe, für Entspannung und um die Seele baumeln lassen.

Mir wird alles zu viel

Viele Frauen leiden darunter, alles richtig machen zu wollen. Denn immer wieder müssen sie gleichzeitig erfahren, dass ihnen das nicht gelingt. Wer Hausfrau, Ehefrau, Mutter und Geschäftsfrau gleichzeitig ist, kann nicht überall und in jedem Bereich perfekt sein.

Permanenter Stress macht krank und die negativen Auswirkungen auf die Gesundheit sind vorprogrammiert: Muskelverspannungen, Herz-Kreislauf-Störungen, psychische Probleme. Mediziner und Psychologen registrieren mit Sorge eine wachsende Anzahl an Menschen, die unter dem Burn-Out-Syndrom leiden. Sie haben das Gefühl ausgebrannt zu sein, sie sind körperlich und psychisch erschöpft und oft auch frustriert. Wenn das Gefühl des Ausgebranntseins zum Dauerzustand wird, besteht die Gefahr, dass die Frauen ernsthaft krank werden. Doch nicht nur berufstätige Frauen, auch Frauen, die sich für Kinder und gegen einen Beruf entschieden haben, sind starken belastenden Einflüssen ausgesetzt. Soziale Isolation, das Gefühl, rund um die Uhr für alle Familienmitglieder verfügbar sein zu müssen. und materielle Abhängigkeit belasten die Gesundheit von Hausfrauen und Müttern. Häufig stellen Frauen ihre eigenen Bedürfnisse immer wieder zurück. Manchmal verleugnen sie sogar den Druck, die Müdigkeit und das Angespanntsein – so, als müssten sie sich dafür schämen, nicht alles mühelos im Griff zu haben.

Bewegung macht selbstbewusst

Bewegung und Sport nutzen nicht nur den Muskeln, den Knochen und den Gelenken, sondern auch der Psyche. Wissenschaftliche Studien konnten nachweisen, dass Frauen, die regelmäßig etwas für ihre Fitness tun, auch insgesamt selbstbewusster sind als Frauen, die sich nicht bewegen. Sie sind eher mit sich im Reinen und akzeptieren ihren Körper so, wie er ist. Sie fühlen sich in ihrer Haut wohl, sind ausgeglichener und weniger stressanfällig. Bewegung ist sogar ein anerkanntes Mittel gegen Angstzustände und Depressionen. Denn das Gefühl, Kontrolle über den eigenen Körper zu haben, macht stark und gibt automatisch Power.

VON FRAU ZU FRAU

Menschen sind nur begrenzt belastbar. Auf Dauer können Sie nur leistungsfähig und gesund bleiben, wenn Sie mit Ihren körperlichen und Ihren psychischen Kräften haushalten. Versuchen Sie, nur zwei Drittel Ihrer Energie im Alltag tatsächlich einzusetzen. Sparen Sie sich das letzte Drittel als Kraftreserve auf. Die brauchen Sie für unvorhergesehene Ereignisse, schwierige Situationen und kurzfristige Hochleistungen. Wenn Sie nach dieser Empfehlung leben, dann bleibt Ihnen Zeit für Pausen, für Entspannung, für Sport. Nutzen Sie diese gewonnene Zeit auch für Nordic Walking. Selbst wenn es nur eine halbe Stunde ist, Sie werden spüren, wie gut die Bewegung an der frischen Luft Ihnen tut. Der Körper wird sanft, aber effektiv aktiviert, der Kopf wird frei, die Seele kann auftanken.

Wer ausgeglichen ist, bewältigt Stress und Hektik des Alltags sehr viel leichter.

Wohlfühl-Sport Nummer 1

Nordic Walking ist die optimale Sportart für alle Frauen, die sich etwas Gutes tun wollen. Denn: Nach einer kurzen Übungsphase können Sie den Bewegungsablauf problemlos umsetzen. Sie müssen sich während Ihrer Touren nicht ständig konzentrieren, das Walken funktioniert von ganz allein. Die Bewegung ist gleichförmig – das fördert die Entspannung. Ihr Kopf kann völlig abschalten. Hinzu kommt, dass Nordic Walking so sanft ist, dass man sich dabei nicht unter Leistungsdruck gesetzt fühlt. Sie bestimmen Ihr Tempo und die Streckenlänge selbst. Nordic Walking hat auch Auswirkungen auf die Psyche. Denn: Wer sich im Alltag chronisch gestresst fühlt, der leidet sehr häufig auch unter schmerzhaften Muskelverspannungen. Beim Nordic Walking werden alle Muskeln optimal mit Blut und damit auch mit frischem Sauerstoff versorgt. Das macht die Muskeln wieder weich und geschmeidig. Verspannungen lösen sich, Sie fühlen sich gleich viel wohler.

Ihr Trainingsplan für inneres Gleichgewicht und mehr Wohlbefinden

Wenn Sie Nordic Walking machen, um Stress abzubauen, sollten Sie sich während des Trainings vor allem nach Ihrem Gefühl richten. Ihr Körper signalisiert Ihnen, welche Belastung gut für Sie ist.

Ihr Pensum ist dann optimal, wenn Sie das Gefühl haben, sich eher leicht bis mittelschwer zu belasten. Wichtig ist es auch, dass Sie sich, wenn Sie in Gesellschaft walken, während des Nordic Walkings ganz bequem unterhalten können. Muskeln, Bänder und Gelenke sind zwar beansprucht, aber weit davon entfernt, überanstrengt zu werden oder gar wehzutun. Nach Abschluss des Trainings haben Sie immer noch genug Kraft und Energie. Sie fühlen sich nicht ausgepowert und schlapp, sondern angenehm müde und entspannt.

Wenn Sie sich nicht allein auf Ihr Gefühl verlassen wollen, können Sie sich nach diesem Plan richten. Da Entspannung, Balance und Wohlbefinden im Mittelpunkt stehen, müssen Sie sich nicht rigide an die Vorgaben halten. Wenn es Ihnen nicht gut geht, reduzieren Sie das Trainingspensum. Wenn Sie sich frisch und motiviert fühlen, machen Sie einfach etwas mehr.

Am Anfang braucht es ein wenig Energie, die richtige Technik zu lernen. Sie müssen damit rechnen, dass Sie ein paar Trainingstage brauchen, bis Sie die Technik richtig beherrschen. Sobald Sie das Gefühl haben, dass Sie die Technik beherrschen und die Bewegung »rund läuft«, können Sie mit dem 6-Wochen-Plan beginnen.

Aufwärmen vor dem Training nicht vergessen!

6-WOCHEN-PLAN

1. WOCHE: 2 Trainingstage

1: 20 min Nordic Walking (locker), Stretching

4: 20 min Nordic Walking (locker), Stretching

2. WOCHE: 3 Trainingstage

1: 25 min Nordic Walking (locker), Stretching

3: Fitness aus Fernost, 25 min Nordic Walking (locker), Stretching

5: Fitness aus Fernost, 25 min Nordic Walking (locker), Yoga, Stretching

3. WOCHE: 3 Trainingstage

1: Fitness aus Fernost, 30 min Nordic Walking (locker), Yoga, Stretching

3: 30 min Nordic Walking meditativ, Stretching

5: Fitness aus Fernost, 30 min Nordic Walking (locker), Yoga, Stretching

4. WOCHE: 3 Trainingstage

1: Energie-Übungen, 40 min Nordic Walking (locker), Stretching.

3: 40 min Nordic Walking meditativ, Stretching

5: Energie-Übungen, 40 min Nordic Walking (locker), Stretching

5. WOCHE: 3 Trainingstage

1: Fitness aus Fernost, 50 min Nordic Walking (locker), Energie-Übungen, Stretching

3: 30 min Nordic Walking meditativ

5: Fitness aus Fernost, 50 min Nordic Walking (locker), Yoga, Stretching

6. WOCHE: 3 Trainingstage

5. Woche wiederholen

Nordic-Walking als Meditation

Abschalten, Energie tanken und dabei die eigene Mitte finden - das funktioniert am besten, wenn Sie Nordic Walking mit gezielter Atmung, entspannenden Qi-Gong-Übungen, Stretching und Yoga kombinieren. Unser Tipp: Walken Sie meditativ, das heißt, richten Sie Ihre Aufmerksamkeit auf das Gehen. Versuchen Sie sich vor allem auf den immer gleichen Bewegungsablauf der Schritte und des Stockeinsatzes zu konzentrieren. Wenn Ihnen diese Nordic-Walking-Variante gut tut, dann bleiben Sie dabei. Steuern Sie auf jeder Tour Ihre Atmung etwa 3 Minuten lang: Atmen Sie während der ersten 4 Schritte in 4 Teilen durch die Nase ein und bei den nächsten 4 Schritten durch den Mund in 4 Teilen kräftig wieder aus. Spannen Sie beim letzten Ausatmen den Bauch kurz an. Anschließend 5 Minuten walken und dabei ganz natürlich atmen. Wir zeigen Ihnen sanfte Workouts, die Sie in Ihr Programm integrieren sollten. Beginnen Sie Ihre Touren mit den Übungen aus Fernost oder mit den Energie-Übungen und beenden Sie Ihr Training mit Yoga und Stretching. Auch diese Entspannungsübung eignet sich zum Trainingsabschluss: Stellen Sie sich die Oberfläche Ihrer Haut vor, fühlen Sie, wie Ihre Haut atmet. Öffnen Sie die Sinne, hören, sehen und riechen Sie ganz bewusst. Einmal tief einatmen, Luft kurz halten - und durch den Mund kräftig wieder ausatmen.

Nordic Stretching

Nordic Walking wird noch wirkungsvoller, wenn Sie Ihr Training mit Stretching-Übungen kombinieren. Die sanften Übungen verhindern, dass Ihre Muskeln durch das Training verspannen und verkürzen und machen sie wieder geschmeidig und elastisch. Auch der Bewegungsradius der Gelenke wird durch Stretching größer. Machen Sie die Stretching-Übungen zu einem festen Bestandteil Ihres Trainings. Falls Sie direkt im Anschluss keine Zeit dazu haben, können Sie die Übungen bis zu zwei Stunden nach Ihrer Tour nachholen, also zum Beispiel erst nach dem Duschen. Richtiges Atmen entspannt Körper und Geist und unterstützt die Dehnung. Atmen Sie in jeder Stretching-Position tief ein und langsam und tief wieder aus. Jedes Ausatmen senkt das Spannungsgefühl.

Nach dem Nordic Walking ist es sinnvoll, dynamisch, also mit kleinen, sanften Mini-Bewegungen, zu dehnen, denn dadurch bleibt der Blutzufluss zum Muskel erhalten und dieser kann schneller regenerieren.

- Gehen Sie langsam und vorsichtig in die Dehnposition.
- Bewegen Sie sich so weit, bis Sie das typische Dehngefühl spüren - ein leichtes, manchmal auch etwas stärkeres Ziehen im Muskel.

  Versuchen Sie dann durch kleine Mini-Bewegungen an dieser Dehngrenze die Wirkung zu verstärken. Wippen Sie dabei ruhig und ganz sanft in die Dehnrichtung.

NORDIC-STRETCHING-ÜBUNGEN

Waden-Stretch

1 Das rechte Bein weit zurückstellen, und die Ferse langsam zum Boden drücken, bis Sie die Dehnung spüren. Beide Füße zeigen gerade nach vorne, das hintere Knie ist gestreckt. Nun das rechte Knie mehrfach ganz leicht beugen und wieder strecken. Dann mit links wiederholen.

Für die Beinrückseite

2 Halten Sie die Stöcke in beiden Händen und setzen Sie sie vorn sicher auf dem Boden auf. Die rechte Ferse vorn aufstellen und die Fußspitze heranziehen. Das rechte Knie ist gestreckt. Nun den Po langsam nach hinten schieben, das Brustbein nach vorne. Kleine Mini-Bewegungen in die Dehnrichtung machen. Seitenwechsel nicht vergessen.

1

Po-Stretch

1 Beide Stöcke vorn aufstellen und sicher im Boden verankern. Den rechten Fuß auf dem linken Oberschenkel ablegen. Das linke Knie ist gebeugt, der Rücken ist gerade. Schieben Sie den Po weit nach hinten und gehen Sie noch tiefer in die Hocke. Spüren Sie die Dehnung in Po und Hüftaußenseite? Wiederholen Sie die Übung mit dem linken Bein.

2

Nacken-und Halsdehnung

2 Stellen Sie sich aufrecht hin. Greifen Sie hinter dem Körper einen Stock mit beiden Händen. Dehnen Sie zunächst den Nacken, indem Sie den unteren Schädelrand weit nach oben Richtung Himmel ziehen und das Kinn etwas zur Brust senken. Nun den Kopf zur linken Schulter absenken und das rechte Ohr noch weiter nach oben ziehen. Seitenwechsel.

YOGA-ÜBUNGEN

Der Berg

1 Der Berg ist die Grundübung aller Stehhaltungen. Spüren Sie Ihre Füße, die parallel und eng zusammen stehen. Spannen Sie die Oberschenkel etwas an, die Wirbelsäule ist lang und strebt himmelwärts. Arme und Schultern sind leicht nach außen-hinten gedreht. Beide Beine sind stabil.

2 Beim Einatmen heben Sie beide Arme gestreckt, die Handflächen aneinander, maximal nach oben und blicken zu Ihren Daumen auf. Zum Ausatmen beugen Sie sich nach vorn und legen Ihre Handflächen neben Ihren Füßen ab – oder dorthin, wohin Sie zu diesem Zeitpunkt kommen.

1

Das Dreieck

1 Gehen Sie in die weite Grätsche und drehen Sie den linken Fuß nach außen. Heben Sie den linken gestreckten Arm auf Schulterhöhe an und drehen Sie die Handflächen nach unten. Beugen Sie sich mit dem Einatmen weit nach rechts und strecken Sie den linken Arm senkrecht nach oben. Bewegen Sie den rechten Arm so weit zum Boden, wie es Ihnen möglich ist. Sie können sich auch leicht auf das rechte Bein stützen. Drehen Sie den Kopf nach oben zur linken Hand. Fließend weiteratmen. Wiederholen Sie die Übung 2- bis 3-mal.

2

Der Krieger

2 Setzen Sie den linken Fuß nach hinten und drehen Sie ihn etwas nach außen. Beugen Sie das vordere rechte Knie. Nun beide Arme seitwärts in die Gebetshaltung über den Kopf führen. Heben Sie den Kopf etwas nach oben. Bleiben Sie etwa 5 Atemzüge in dieser Haltung und gehen Sie dann zurück. Wiederholen Sie die Übung 2- bis 3-mal.

ENERGIE-ÜBUNGEN

Um sich auf die kommenden Übungen gut einzustimmen, sollten Sie sich vorab einfach mal so richtig räkeln und strecken. Ziehen Sie sich lang und dehnen Sie sich. Das löst verspannte Muskeln, durchblutet den Körper und hilft, sich auf das folgende Asia-Workout besser zu konzentrieren.

1

Den Himmel stützen

1 Heben Sie Ihre Hände langsam über die Seite nach oben und schieben Sie die Hände – oben angekommen – über dem Scheitel ineinander. Dabei zeigen die Handflächen zum Kopf. Nun die Hände genauso langsam zum Scheitel sinken lassen und dabei ausatmen. Mit dem Einatmen die Handflächen nach oben drehen und die Fersen vom Boden abheben. Hände lösen und die Fersen wieder zum Boden senken. Dann die Arme über außen wieder in die Ausgangsposition zurückbewegen. Übung 3–6-mal wiederholen.

2

Den Bogen spannen

2 Atmen Sie ein und kreuzen Sie gleichzeitig beide Unterarme vor der Brust. Die Hände sind zu lockeren Fäusten geschlossen. Mit dem Ausatmen führen Sie den linken Arm ganz langsam zur Seite. Dabei Zeige- und Mittelfinger abspreizen und nach links schauen. Der rechte Ellbogen wird auf Schulterhöhe zur Seite gezogen, so, als wollten Sie einen Bogen spannen. Beim nächsten Einatmen die Unterarme wieder vor der Brust kreuzen und mit der Ausatmung den Bogen zur anderen Seite spannen. Übung 3–6-mal auf jeder Seite wiederholen.

1

Zentrieren

1 Stehen Sie aufrecht mit hüftbreit geöffneten Füßen und leicht gebeugten Knien. Halten Sie die Hände vor dem Unterbauch, als ob Sie einen kleinen Ball hielten. Mit dem Einatmen drehen Sie die Handflächen nach außen und schieben in Gedanken einen Vorhang zur Seite, um hindurch schauen zu können. Atmen Sie aus und drehen Sie die Hände wieder zueinander. Dabei nähern sich die Hände wieder soweit an, bis Sie wieder den kleinen Ball halten. Übung 3-6-mal wiederholen.

2

Eine Blüte erwacht

2 Gehen Sie in die gleiche Position wie vorher und legen Sie beide Handgelenke in die Taille. Die Hände machen eine lockere Faust, die Daumen zeigen nach außen. Atmen Sie ein und bewegen Sie Ihren Arm nach oben und außen. Dabei öffnet sich die Faust wie eine Blüte am frühen Morgen, wenn die Sonne aufgeht. Schauen Sie auf Ihre Hand. Atmen Sie aus, bewegen Sie die Hand zurück zur Taille, dabei die Faust schließen. Wiederholen Sie die Bewegung mit dem anderen Arm. Übung 3-6-mal auf beiden Seiten wiederholen.

Bewegung in Harmonie

3 Drehen Sie die Arme nach innen, und zwar so, dass die Handrücken gegeneinander liegen. Ziehen Sie beide Hände vor der Körpermitte nach oben und öffnen Sie die Arme über dem Kopf zum Himmel. Halten Sie diese Position einen kurzen Augenblick lang. Dann die Handflächen nach außen drehen und mit den Armen einen Kreis nach außen machen.

3

4 Führen Sie dann die Arme vor dem Herzen kreuzförmig zusammen und senken Sie die Handflächen langsam nach unten.

4

Ihr Ziel: mehr Gesundheit und Power

Vom Walking wissen wir es schon lange, beim Nordic Walking zeigt es die Praxis: Wir haben es hier mit einem Gesundheitssport zu tun. Nordic Walking ist nicht nur ein Sport, um die Ausdauer zu verbessern oder das Gewicht zu reduzieren. Nordic Walking leistet auch viel im Bereich der Muskeln und Gelenke. Und – was mindestens genauso wichtig ist – Nordic Walking macht den Kopf frei und gute Laune. Das alles macht Nordic Walking für uns Frauen interessant, wenn wir etwas für unsere Gesundheit und den Ausgleich zum Alltag suchen.

Den Rücken frei machen

Rückenprobleme sind neben Herz-Kreislauf-Erkrankungen der häufigste Grund für Krankschreibungen und frühzeitigen Ausstieg aus dem Arbeitsleben. Beinahe jede dritte Frau ab 40 hat oder hatte irgendwann in ihrem Leben schon einmal Rückenschmerzen. Ursachen für Rückenschmerzen gibt es viele. Nur leider werden sie häufig nicht erkannt. Jede Woche machen wir die Erfahrung, dass Frauen mit Rückenschmerzen ohne Diagnose vom Arzt kommen: Es konnte keine Schmerzursache festgestellt werden. Frustriert und an sich selbst zweifelnd ist frau dann auf sich selbst gestellt. Bildet frau sich den Schmerz nur ein oder liegt es am Arzt? Schmerzmittel können auf Dauer auch nicht die Lösung sein. Was also tun?
Wir haben sicherlich nicht die Lösung für jedes Rückenproblem. Wir wissen aber, dass Bewegung Wunder wirkt. Bewegung ist die effektivste Methode, Stoffwechselvorgänge wieder ins Gleichgewicht zu bringen. Bewegen Sie

sich nämlich zu wenig, werden Sie im wahrsten Sinne des Wortes »sauer«. Und in solch einem sauren Stoffwechselmilieu bilden sich dann zusätzliche freie Nervenendigungen, die Sie noch schmerzempfindlicher machen.

Gute Haltung innen und außen

Die häufigste Ursache von Rückenschmerzen sind neuromuskuläre Dysbalancen. Das heißt, Ihre Muskeln kommen ins Ungleichgewicht, weil Sie bestimmten Muskeln immer und immer wieder Befehle geben und andere Muskeln dadurch vernachlässigen, die dadurch verkümmern.
Auf der *Vorderseite* Ihres Körpers benutzen Sie am häufigsten Brustmuskeln und Hüftbeuger. Die Brustmuskulatur sorgt dann dafür, dass die Schultern nach vorne-innen gezogen werden und der Nacken zusätzlich belastet wird. Der Hüftbeuger ist nach neuesten wissenschaftlichen Erkenntnissen das Hauptproblem für die Bandscheiben in der Lendenwirbelsäule. Er zieht das Becken nach vorn-unten ins Hohlkreuz, sodass die Bandscheiben erheblichem Druck ausgesetzt sind.

TIPP

Um eine Chance zu haben, die Ursache der Rückenschmerzen zu erkennen, ist es wichtig, dass Sie sich selbst beobachten:

- **Zu welcher Tageszeit und bei welchen Tätigkeiten treten diese Schmerzen besonders stark auf?**
- **Haben Sie eher durch Kälte- oder eher durch Wärmeanwendungen Erleichterung?**
- **Wie geht es Ihnen bei Bewegung oder nach Bewegung?**

Teilen Sie Ihrem Therapeuten oder Arzt Ihre Beobachtungen unbedingt mit. Es erleichtert ihm die Diagnose.

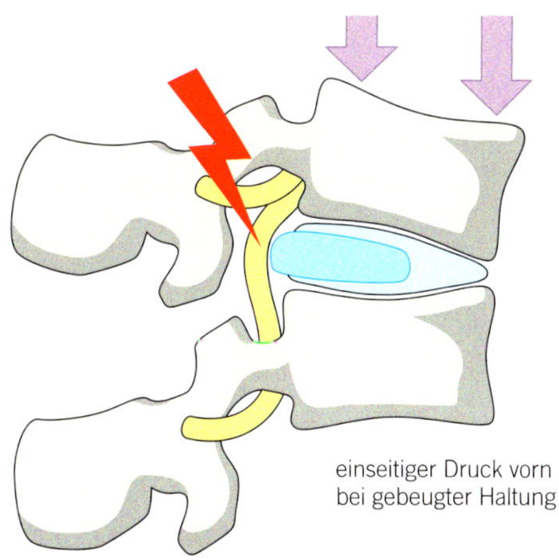

Ungünstige Muskelansteuerungen verursachen Bandscheibenprobleme.

Auf der *Rückseite* müssen die Muskeln vor allem auf das reagieren, was Sie den Muskeln auf der Vorderseite abfordern. Sie müssen dagegen halten und verspannen dabei. Außerdem haben wir uns sehr häufig falsche Bewegungen bzw. Bewegungsmuster angewöhnt: Es werden Muskeln, z. B. die Nackenmuskeln, überstrapaziert, weil sie Bewegungen ausführen sollen, die eigentlich nicht in ihren Aufgabenbereich fallen.

Neben muskulären Ursachen haben Rückenprobleme aber ebenso häufig ihren Ursprung in Faktoren, die mit Stress, Überforderung, Dauerbelastung oder auch Unzufriedenheit zu tun haben. Diese machen sich dann nicht nur als Rücken-, sondern auch als Kopf- oder gar Magenschmerzen bemerkbar. Wer beidem den Kampf ansagen will, muss sich gleichermaßen mit dem physischen wie auch mit dem psychischen Wohlbefinden befassen. Mit Nordic Walking und unserem Rückenprogramm haben Sie die richtige Wahl getroffen. Dadurch stabilisieren Sie nicht nur Ihre Wirbelsäule. Sie werden es schaffen, sich innerlich und äußerlich aufzurichten.

Übungen für einen gesunden Rücken

Ein paar wichtige technische Details beim Nordic Walking helfen uns, die Möglichkeiten, die diese Sportart gerade bei Rückenschmerzen bieten kann, voll auszuschöpfen:

Die Cross-over-Bewegung

Sie ist Bandscheibenhygiene pur! An und für sich ist es der ganz normale Ablauf beim Gehen. Setzen Sie Ihren rechten Fuß nach vorne, wird sich Ihre rechte Beckenhälfte mit nach vorne bewegen. Gleichzeitig aber - und das wird leider sehr vernachlässigt - sollte sich auch Ihre linke Schulter mit nach vorne bewegen. Diese Gegenbewegung von Becken und Schultergürtel provoziert eine äußerst sanfte Drehbewegung in der Wirbelsäule. Und diese ist der Schlüssel zur Stabilisierung der Wirbelsäule. Denn jetzt werden die tief liegenden Muskelschichten direkt an der Wirbelsäule trainiert und zusätzlich werden die Bandscheiben massiert.

TIPP

Achtung! Verwechseln Sie die Cross-over-Bewegung nicht mit dem Mannequin-Gang. Bei ihm kippt das Becken nach unten ab (siehe Bild). Die Belastung für Rücken und Hüften ist immens. Ein attraktiver Gang zeigt sich in einer aufrechten Haltung und einem beschwingtem Schritt. Lassen Sie den Oberkörper frei, dann wird er sich ganz natürlich mitdrehen. Und noch etwas: Nicht mehr festhalten müssen und locker und entspannt sein dürfen macht richtig Laune!

Der kurze Schritt

Beobachten Sie sich selbst. Was macht Ihr Knie, wenn Sie einen Schritt nach vorne machen? Ist es eher gestreckt oder doch leicht gebeugt? Beim gebeugten Knie dürfen Sie zufrieden sein. Haben Sie aber das Gefühl, dass Sie mit gestrecktem Knie und steil auf der Fersenkante vorne auf dem Boden aufsetzen, dann müssen wir etwas ändern (siehe Foto). Jeder Schritt, der so ausgeführt wird, verursacht Ihnen kleine Mini-Stauchungen bis hoch in die Halswirbelsäule. Gerade beim Nordic Walking wird man dazu verführt, zu lange Schritte zu machen. Entscheiden Sie sich ganz bewusst eher für kürzere Schritte. So schonen Sie die Knie-, Hüft- und Wirbelgelenke.

Einige Basisübungen zur Stabilisation Ihrer Wirbelsäule, zur Kräftigung und zur Dehnung der Muskulatur helfen Ihnen, das Rückenproblem zu besiegen.
Zusätzlich müssen Sie aber auch etwas für Ihren Hüftbeugemuskel tun, denn nach neuesten wissenschaftlichen Erkenntnissen ist er ganz besonders an Rückenschmerzen beteiligt: Egal ob Sie sitzen, Fahrrad fahren, Treppen steigen – immer wieder muss er die gleiche Arbeit verrichten und zieht nach und nach die Wirbelsäule ins Hohlkreuz. Deshalb gehört eine spezielle Dehnung dieses Muskels zur Rückenhygiene unbedingt dazu.

So soll es nicht sein: Das vordere Knie wird gestreckt aufgesetzt.

TIPP

Um sich an kürzere Schritte zu gewöhnen, gehen Sie immer mal wieder eine kurze Strecke »leiser«. Dabei sollen Sie nicht schleichen, sondern den Fuß bewusst von hinten nach vorne abrollen und eben leiser auftreten. Sofort werden Sie merken, dass Sie automatisch die Knie mehr beugen und den Schritt kürzer halten.

ÜBUNGEN ZUR RÜCKENHYGIENE

1

Das Sieb schütteln

1 So trainieren Sie die tief liegenden Bauch- und Rückenmuskeln:
Stellen Sie sich aufrecht hin, die Knie sind leicht gebeugt. Sie haben einen Stock vor dem Körper auf Brusthöhe gefasst und ziehen diesen auseinander. Ziehen Sie zusätzlich den Boden unter sich mit Ihren Füßen leicht nach außen. Der Bauchnabel wird nach innen zur Wirbelsäule und die Schulterblätter nach unten Richtung Boden gezogen. Position 10–15 Sekunden lang halten und gleichzeitig den Stock wie ein Sieb (links-rechts) schnellstmöglich schütteln. Dabei den Atem nicht anhalten, sondern ganz ruhig weiteratmen.

2

Stock heben vorne

2 Die Rückenmuskeln können Sie entweder im Stand oder auch während des Nordic Walkens trainieren. Halten Sie Ihre Stöcke dazu vor dem Körper waagrecht und ziehen Sie sie leicht auseinander. Im Stand neigen Sie sich mit geradem Rücken nach vorne. Diese Bewegung entfällt, wenn Sie die Übung während des Walkens durchführen. Jetzt heben Sie die Arme so hoch, dass Sie sich neben Ihren Ohren befinden. Diese Armbewegung von unten nach oben unter dauernder Spannung am Stock wiederholen Sie 10–20-mal.

3

Stock heben hinten

3 Sie stehen aufrecht mit leicht gebeugten Knien und angespannten Bauchmuskeln. Greifen Sie Ihre Stöcke hinter dem Körper – etwa schulterbreit und so, dass die Daumen nach außen zeigen. Nun ziehen Sie die Stöcke wieder mit Spannung auseinander. Heben Sie gleichzeitig die Arme nach hinten an. Kurz halten, die Spannung spüren und dabei ausatmen. Stöcke wieder absenken. Sie spüren, wie die Schulterblätter zusammengezogen und die Muskeln am Schultergürtel gekräftigt werden. Gleichzeitig wird die Brustmuskulatur gedehnt. Wiederholen Sie die Bewegung 10–20-mal auch während des Walkens.

Hüftbeuger-Dehnung ohne Stöcke

4 Setzen Sie das rechte Knie auf dem Boden ab, den linken Fuß stellen Sie weit nach vorne auf. Verlagern Sie jetzt Ihr Becken nach vorne. Spüren Sie schon den Zug in der Leistengegend? Der Rücken bleibt gerade. Spannen Sie jetzt noch die Gesäßmuskeln an, wird der Zug am Hüftbeuger noch intensiver. Versuchen Sie leicht wippend das Becken immer noch ein Stückchen tiefer zu setzen.

4

Hüftbeuger-und Brustmuskel-Dehnung mit Stöcken

5 Mit Stöcken ist diese Dehnung noch intensiver. Sie spannen Ihre Arme weit nach außen und sogar etwas nach hinten und setzen dort die Stöcke auf. Während Sie wieder das Becken wippend nach vorne und unten bewegen, lehnen Sie sich mit dem Rücken etwas nach hinten. Jetzt dehnen Sie Hüftbeuge- und Brustmuskulatur gleichzeitig. Ideal gegen Rückenschmerzen.

5

Typisch bei Frauen: Nacken- und Kopfschmerzen

Sinneswahrnehmungen sind für uns nicht mehr so überlebenswichtig wie für unsere Vorfahren oder noch heute sehr nah an der Natur lebende Urvölker. Es ist nicht mehr nötig, über den Gehörsinn feinste Geräusche wahrzunehmen, um sich vor wilden Tieren oder Feinden zu schützen. Es ist auch nicht mehr notwendig, über die Sinne Windrichtung und Luftbeschaffenheit zu erspüren, um Anbau und Ernte zum richtigen Zeitpunkt zu planen. Der Wetterbericht sagt uns entsprechende Informationen voraus. Unsere Nahrung ist vorsortiert und wir brauchen nicht mehr zwischen giftig und ungiftig zu unterscheiden. Und unser Muskelempfindungssinn ebenso wie der Gleichgewichtssinn müssen uns den Weg über unwegsames Gelände nicht mehr weisen. Unsere Bewegungen sind inzwischen weit weniger variantenreich - eher starr - und müssen sich den Gegebenheiten einer ursprünglichen Natur nicht mehr anpassen.

Was das mit Rücken-, Gelenk- oder Nacken- und Kopfschmerzen zu tun hat? Nun, wir nehmen ungünstige Haltungen ein und führen unökonomische Bewegungen aus, nur leider sind wir nicht mehr so sensibel, dass wir sie frühzeitig genug als »schlecht« erkennen. Die Nacken- und Halsmuskulatur wird beansprucht, wenn wir nach unten zum Boden schauen, wenn wir mit rundem Rücken am Schreibtisch sitzen oder mit den Armen vor dem Körper etwas leisten. Die Nackenmuskeln müssen halten, halten, halten ... und werden für ihre Leistung auf Dauer mit zu wenig Sauerstoff versorgt. Jetzt fängt der Nacken an wehzutun, es kommt zu chronischen Überlastungsschmerzen, die wir als Verspannung spüren. Ohne offensichtlichen Zusammenhang melden sich jetzt auch Kopfschmerzen und vielleicht schlafen auch die Finger ein. Wenn wir jetzt auf verschiedene Stellen des Nackens mit dem Finger Druck geben, fühlen wir Verhärtungen und Schmerz.

Was tun?

Wenn Sie beim Nordic Walking auf verschiedene technische Details achten und dabei vielleicht sogar die eine oder andere Übung mit einflechten, dann trainieren Sie damit

TIPP

Kopfschmerzen sind nicht selten auch hormonell bedingt. Das prämenstruelle Syndrom (PMS) kann sich auch in Form von Kopfschmerzen bemerkbar machen. Prüfen Sie einmal, ob die Kopfschmerzen in regelmäßigen Abständen, z. B. vor der Periode, oder bei bestimmten Tätigkeiten oder Situationen auftreten. Hormonell bedingte Kopfschmerzen sind durch homöopathische Arzneien sehr gut in den Griff zu bekommen. Auch Stress kann Verspannungen und Kopfschmerzen auslösen. Kopfschmerzen mit anderen Ursachen sollten Sie mit einem Arzt besprechen.

gegen Ihre Nackenverspannungen und Kopfschmerzen an. Zuvor sollten Sie aber eine Bestandsaufnahme zum Thema Verspannungen bei sich zu Hause machen. Mit ihr können Sie sich immer wieder selbst überprüfen: Wie verspannt bin ich heute und wie entspannt kann ich jetzt - nach Nordic Walking und unseren Übungen - liegen? So erkennen Sie selbst, wie wirksam unsere Übungen bei Ihnen sein können.

Kurze Bestandsaufnahme: Wie entspannt kann ich sein?

Legen Sie sich ganz entspannt in Rückenlage auf eine warme Wolldecke. Auf unsere Fragen hin, die wir Ihnen jetzt stellen, werden Sie den Nacken-, Schulter- und Lendenwirbelsäulenbereich besonders wahrnehmen. Merken Sie sich diese Wahrnehmungen und vergleichen Sie sie mit denen, die Sie nach dem Nordic Walking und unseren Übungen haben werden. Je entspannter Sie sind, desto näher werden Sie dem Boden kommen, desto mehr Auflagefläche und desto weniger Hohlräume werden Sie spüren.

Schließen Sie die Augen und entspannen Sie sich.
Nehmen Sie irgendwo Schmerzen wahr und wie intensiv ist der Schmerz?

Konzentrieren Sie Ihre Aufmerksamkeit zuerst auf Ihren Rücken. Diesen Teil Ihres Körpers bekommen Sie nie zu Gesicht. Bewegen Sie sich in Gedanken an Ihrer Wirbelsäule auf und ab und untersuchen Sie, welche Teile des Rückens nah am Boden und welche eher weniger oder keinen Kontakt zum Boden haben.

Spüren Sie den Übergang Ihres Beckens zum unteren Teil der Wirbelsäule? Gibt es hier einen Bereich, der nicht auf dem Boden aufliegt? Wenn ja, wie groß ist dieser Hohlraum: tischtennisballgroß oder sogar tennisballgroß?

Schenken Sie jetzt der Auflagefläche Ihres Nackens Beachtung.

Wie viel Hohlraum spüren Sie zwischen Nacken und Boden? Einen tischtennisballgroßen oder nur murmelgroßen Hohlraum? Sind Sie »halsstarrig«? Oder überlastet?

Schließlich konzentrieren Sie sich auf Ihren Kopf:
Wo liegt er auf dem Boden auf? Gegenüber der Stirn, der Nase oder dem Kinn?

Der Nacken ist umso entspannter, desto näher Sie der Auflagefläche »Kinn« kommen.

Prüfen Sie die von Ihnen jetzt wahrgenommenen Auflageflächen nach Ihrem Training noch einmal. Je größer und flächiger Ihre Auflageflächen und je kleiner und flacher Ihre Hohlräume, umso entspannter liegen Sie auf. Der Boden ist der beste Lehrmeister! Er sagt Ihnen immer objektiv, wie verspannt Sie sind. Vielleicht konnten Sie durch das Training sogar die Schmerzen etwas reduzieren?

ZUR ENTLASTUNG DES NACKENS

1

Kopfhaltung und Blickrichtung

1 Sicher können Sie sich vorstellen, dass Nacken und Kopf in ihrer Stellung voneinander abhängen. Können Sie sich auch vorstellen, dass Ihre Kopfhaltung von Ihrer Blickrichtung abhängt? Wenn Sie dazu neigen, nur wenige Meter vor sich nach unten zu schauen, werden auch Ihr Kopf und letztlich auch Ihre Schultern nach vorne-unten tendieren. Für Ihren Nacken bedeutet das Schwerstarbeit. Verändern Sie beim Nordic Walking öfter Ihre Blickrichtung und nehmen Sie dabei bewusst Ihren Nacken wahr! Suchen Sie immer mal wieder nach einer ausgewogenen Kopfhaltung.

2

Der richtige Armschwung

2 Um beim Nordic Walking den Schulter- und Nackenbereich entspannen zu können, sollten Sie einen aktiven Arm-Rückschwung beherzigen. Vor allem durch diese Bewegung lösen Sie Verspannungen im Schulter-Nacken-Bereich. Genau hier sollten Sie die Handschlaufen sinnvoll einsetzen: Die Finger öffnen sich, der Stock wird per Handschlaufe kontrolliert zurückgeschwungen, der Arm schwingt locker nach hinten aus.

3

Die Schulterblattbewegung

3 Ein Kardinalfehler, den wir beim Nordic Walken immer wieder beobachten, ist das Hochziehen der Schultern und damit die Überbelastung des Nackens. Besonders intensiv wird diese Fehlbelastung im Moment des Stockabdrucks. Auf keinen Fall sollten Sie die Stöcke vor dem Körper einsetzen. Achten Sie darauf, dass Sie mit dem Einstechen des Stockes gleichzeitig die Schulterblätter (die knöchernen Erhebungen am oberen Rücken) Richtung Gesäß nach unten ziehen. Mit dem Stockabdruck sollte es zu einem Gefühl der Brustkorbaufrichtung und des »langen« Nackens kommen. Die Konzentration darauf fällt am Anfang noch etwas schwer, macht sich aber nicht nur beim Nordic Walking, sondern auch in Ihrem sonstigen Alltag bezahlt!

AKTIV GEGEN VERSPANNUNGEN

Sie wollen Ihre Verspannungen loswerden. Für den Nackenbereich bedeutet das, dass Sie Kopf und Schultergürtel mehr bewegen müssen, um die Muskeln mit Sauerstoff zu versorgen. Schwingen Sie also nicht nur Ihre Arme, sondern lassen Sie auch im Sinne der Crossover-Bewegung (siehe Seite 54) den Schultergürtel mitarbeiten. Schauen Sie sich öfter um. Seien Sie von Kopf bis Fuß bewegt!

1

Der Nackenzug

1 Legen Sie eine Hand an den Hinterkopf, die andere an die Halswirbelsäule. Bewegen Sie den Kopf nun ganz wenig nach vorn-unten. Das Kinn bewegt sich Richtung Brustbein. Haben Sie ein gutes Gefühl dabei? Dann können Sie die Dehnung verstärken, indem Sie den Hinterkopf noch etwas weiter nach vorne ziehen. Geben Sie jetzt ganz sanft Druck mit dem Nacken in Ihre Hand zurück und halten Sie diese Dehn-Spannung ca. 10 Sekunden lang (2–3-mal wiederholen).

2

Die Hals- und Augenübung

2 Hals-Nacken-Muskulatur und Augenbewegungen beeinflussen sich gegenseitig. In dieser Übung hilft uns dieser Zusammenhang, die Halsmuskeln besser zu dehnen. Sie stehen aufrecht mit leicht gebeugten Knien und aufgerichtetem Brustbein. Neigen Sie den Kopf langsam und vorsichtig zur linken Schulter. Spüren Sie den Zug an der rechten Halsseite. Atmen Sie jetzt tief ein und schauen Sie mit Ihren Augen nach links oben. Mit dem Ausatmen dann nach rechts-unten (2–3-mal wiederholen).

3

Schultergürtel-Kräftigung und Brustmuskel-Dehnung

3 Zur Entlastung des Nackens müssen die Schulterblattmuskeln gekräftigt und die Brustmuskeln gedehnt werden. Stellen Sie sich aufrecht und mit geradem Rücken hin. Jede Hand greift einen Stock am Griff. Arme öffnen und beide Stöcke seitlich und etwas hinter Ihrem Körper im Boden verankern (Ellbogen nur leicht gebeugt). Oberkörper ganz leicht nach vorn lehnen, so dass eine Dehnung im Brustbereich spürbar ist. Üben Sie jetzt Druck mit Ihren Händen in die Stockschlaufen nach unten aus, Schultern dabei aktiv in Richtung Gesäß ziehen. Spannung 10–15 Sekunden halten, 2–3-mal wiederholen.

Nützliches für die Gelenke

Eben noch tat mir das linke Knie weh, jetzt ist es die Hüfte. Manchmal sind unerwartet Beschwerden da und dann ebenso plötzlich wieder verschwunden. Manchmal ist man verunsichert: Arztbesuch oder Abwarten? Geht es Ihnen auch manchmal so?

Schmerz macht ohnmächtig! In diesem Moment in angstvolle Bewegungslosigkeit, wenn auch nur in einem Körperteil, zu verfallen, wäre in den meisten Fällen aber falsch. Denn das würde uns daran hindern, mit unserem Körper zu experimentieren und nützliche Korrekturen vorzunehmen. Keiner kennt uns so gut wie wir uns selbst. Also nehmen Sie sich selbst in die Hand! Lassen Sie uns doch frühzeitig etwas für die Gelenkhygiene tun. Nordic Walking und Walking sind die gelenkschonendsten Möglichkeiten, um Gelenke, Bänder und Muskeln fit zu halten. Neben ein paar wesentlichen »Gelenktipps« möchten wir Ihnen auch ein paar Übungen vorstellen, die Ihre Gelenke rüstig halten und Ihre Muskelmanschette um Knie-, Hüft- und auch Fingergelenke aufbauen. So werden Ihre Gelenke entlastet und gleichzeitig besser geschützt. Zur Gelenkhygiene gehören Übungen zur Kräftigung der Muskulatur, aber auch Übungen, die das Gelenk beweglich halten. Denn nur ein optimal bewegtes Gelenk hält den Knorpel »bei Laune« und verteilt optimal die alltägliche Belastung auf den Knochen.

Zur Schonung der Gelenke

- Achten Sie auf ein leicht gebeugtes Knie vorne beim Auftreffen auf dem Boden. Das hintere Knie dürfen und sollten Sie beim Abdruck sogar strecken.
- Beim Bergabgehen schonen Sie die Knie, wenn die Füße ganz leicht nach außen (tendenziell wie Charlie Chaplin) und die Knie zu den Füßen zeigen.
- Zur Schonung Ihrer Hüftgelenke sollten Sie darauf achten, dass sich Ihre Beckenhälften auf keinen Fall abwechselnd nach oben und unten bewegen, sondern z. B. die linke Beckenhälfte mit dem linken Bein zusammen nach vorne geschoben wird. Wenn Sie dann noch Ihre rechte Schulter aktiv mit nach vorn bewegen, kommt es zu einer äußerst gesunden Verwringung in der Lendenwirbelsäule. Damit aktivieren Sie dann nicht nur Ihre tiefstliegenden Muskelschichten zum Schutz der Wirbelgelenke, sondern erlauben Ihren Bandscheiben auch zu »atmen«.
- Falls Sie rheumatische Beschwerden in den Fingergelenken haben, kann es sinnvoller sein, auf die Stöcke zu verzichten und stattdessen ohne Stöcke zu walken. Nehmen Sie dann hin und wieder 2 bis 3 mittelgroße Kieselsteine in die Hände und lassen Sie sie umeinander kreisen. Das erhält die Beweglichkeit in den Gelenken und fördert den Blutfluss.

ÜBUNGEN FÜR GESUNDE GELENKE

Anti-Arthrose-Übung für das Hüftgelenk

1 Im tiefen Ausfallschritt stellen Sie ein Bein rechtwinklig vorn auf, das andere liegt weit hinten am Boden. Beim Spannen der Gesäßmuskeln spüren Sie bereits eine leichte Dehnung im Leistenbereich vorne. Wer die Dehnung optimal ausführen will, schiebt die Hüfte nach vorn und richtet den Oberkörper senkrecht auf. Die Dehnung wird stark intensiviert, wenn Sie zusätzlich mit dem Becken nach vorn-unten federn. Der Hüftbeugemuskel braucht diesen starken Dehnreiz, um dem Hüftgelenk mehr Spiel zu lassen. So beugen Sie einer frühzeitigen Arthrose im Hüftgelenk effizient vor.

1

Rumpfübung im Liegen

2 Um die seitliche Rumpfmuskulatur zu kräftigen, legen Sie sich stabil auf die Seite. Stützen Sie sich auf einen Unterarm (Ellbogen unter das Schultergelenk) und das seitengleiche Knie. Die Knie liegen übereinander und sind angewinkelt. Das Becken ist aufgerichtet, der Kopf in Verlängerung der Wirbelsäule. Jetzt das Becken so weit anheben, bis Ober- und Unterkörper eine Linie bilden. Achten Sie darauf, dass die Hüfte vollständig gestreckt und Ihre Schultern nicht hoch zu den Ohren gezogen werden.

2

Einbeinstand

3 Eine Basisübung zur Stabilisierung von Knie- und Hüftgelenk. Wer 10 Sekunden lang so stehen bleiben kann, macht dasselbe mit geschlossenen Augen. Jetzt muss die Muskulatur um Sprung-, Knie- und Hüftgelenk viel mehr arbeiten. Übung für jedes Bein 3-mal wiederholen.

3

Fingerbeuger-Übung

Gerade wenn Sie rheumatische Beschwerden in Händen und Fingern haben oder viele Schreibtätigkeiten ausführen, ist diese Übung ein Muss!

1 Umfassen Sie mit der einen Hand die andere und ziehen Sie die Hand so nach hinten, dass Sie eine Dehnung an der Innenseite Ihres Armes spüren. Halten Sie diese und auch die folgende Dehnung ca. 10–15 Sekunden und wiederholen Sie sie pro Hand 3-mal.

Variante
2 Bei der intensiveren Variante legen Sie die Handflächen komplett auf einen Tisch oder ähnliches. Die Ellbogen sind gestreckt. Jetzt verlagern Sie Ihren Oberkörper langsam nach hinten bis Sie eine Dehnung an der Innenseite Ihrer Arme spüren. Tun Sie jetzt so, als wenn Sie den Tisch mit Ihren Handflächen von sich weg schieben wollten.

Diese zwei Übungen eignen sich grundsätzlich hervorragend auch nach dem Nordic Walking zur Entlastung der Finger-, Handgelenke und Arme.

Ihr Gesundheits-Programm

Das Programm ist so aufgebaut, dass Sie sich langsam an längere Nordic-Walking-Phasen gewöhnen.
Das Training wird zusätzlich durch Rückenübungen, Übungen gegen Verspannungen bzw. für gesunde Gelenke ergänzt, die an den trainingsfreien Tagen abwechselnd gemacht werden.
Zum Abschluss des Trainings werden zur Erhaltung der Gelenkbeweglichkeit spezielle Dehnübungen angeboten.
Sollten Sie bereits unter Rücken- und Gelenkbeschwerden oder Verspannungen leiden, ist es sinnvoll, auch während der Trainingspausen das Gymnastikprogramm durchzuführen.
Vor dem Training wärmen Sie sich grundsätzlich auf, dann walken Sie nach unserem Fahrplan los.
Für jede Einheit ist eine Belastungsstufe (BS) angegeben, die Ihnen sagt, ob Sie das Training als »leicht« oder »mittel« (im Programm in Klammer angegeben) empfinden sollen.
Achten Sie gerade bei diesem Trainingsprogramm auf die Technikdetails, die auf den Seiten 22 und 23 beschrieben werden.
Bitte nehmen Sie sich immer Zeit für die zum Schluss angegebene Stretching-Übung.

6-WOCHEN-PLAN

1. WOCHE: 2 Trainingstage
1: 20 min Nordic Walking (leicht), abschließend Hüftbeuger-Übung (S. 57)
4: 25 min Nordic Walking (leicht), auf Kopfhaltung, Armschwung und Schulterblatt achten. Abschließend Hüftbeuger-Übung

2. WOCHE: 2 Trainingstage
1: Rückenübungen, 30 min Nordic Walking (leicht), Stretching
4: Rückenübungen, 35 min Nordic Walking (leicht) abschließend Stretching für die Brust (S. 61)

3. WOCHE: 3 Trainingstage
1: Rückenübungen, 40 min Nordic Walking (leicht) Stretching für Hüftbeuger, vordere Oberschenkel- und Brustmuskulatur (S. 57, 61)
3: Übungen für gesunde Gelenke, 40 min Nordic Walking (leicht) Stretching für Brust und Schultern (S. 61)
5: Rückenübungen, 45 min Nordic Walking (leicht) Stretching für Brust und Schultern (S. 61)

4. WOCHE: 3 Trainingstage
1: 45 min Nordic Walking (mittel), Stretching
3: Rückenübungen, 35 min Nordic Walking (mittel), Stretching für Brust und Hüftbeuger
5: 45 min Nordic Walking (mittel), Übungen gegen Verspannungen

5. WOCHE: 3 Trainingstage
1: 50 min Nordic Walking (mittel), abschließend Stretching
3: Rückenübungen, 40 min Nordic Walking (mittel), Stretching für die Beine
5: 55 min Nordic Walking (mittel), Übungen gegen Verspannungen

6. WOCHE: 3 Trainingstage
1: 55 min Nordic Walking (mittel), Stretching
3: Rückenübungen, 45 min Nordic Walking (mittel), Stretching für Schulter, Brust, Nacken
5: 60 min Nordic Walking (mittel), Übungen gegen Verspannungen

Ihr Ziel: Jungbleiben!

Wie können wir möglichst lange jung und fit bleiben? Wie funktioniert glückliches und gesundes Älterwerden? In wissenschaftlichen Untersuchungen hat man herausgefunden, dass der Schlüssel dafür in jedem Menschen selbst liegt: Wer sich selbst positiv wahrnimmt und sich gesund fühlt, wer Freunde und Familie hat, sozial aktiv ist und ruhig auch mal ein kleines bisschen Stress erlebt, hat große Chancen, lange jung, dynamisch, fit und gesund zu bleiben.

Positive Gefühle halten jung

Ein positives Selbstbild ist ein wichtiger Baustein für erfolgreiches, zufriedenes Altwerden. Wissenschaftler vermuten, dass optimistische Menschen ihre Lebenschancen besser nutzen können. Zum Optimismus gehört ein stabiles Selbstbewusstsein und dass man sich gegen Gedanken wie »Nun bin ich alt und nutzlos!« erfolgreich zur Wehr setzen kann. Einige Altersexperten sind davon überzeugt: Wer viel lacht, der bleibt auch länger jung! Lachen - das bedeutet, sich zu freuen, enthusiastisch und begeistert und vielleicht sogar ein bisschen kindlich zu sein. Mit den Jahren wird man in der Regel auch gelassener: Man hat vieles schon gesehen und erlebt und kann Dinge emotional distanzierter wahrnehmen. Doch Vorsicht - zu abgeklärt sollten Sie auch nicht werden. Bewahren Sie Ihre Neugierde und Ihre Begeisterungsfähigkeit. Vielen Menschen wird es im Laufe ihres Lebens peinlich, unreif oder albern zu wirken. Dabei macht das Leben einfach mehr Spaß, wenn man sich ein gewisses Maß an kindlicher Neugier, an Begeisterungsfähigkeit und überschwänglicher Lebensfreude bewahrt. Wer laut lacht, der spürt seine Lust zu leben - und das hält jung. Seien Sie mutig: Streichen Sie den Satz »Das ist nicht altersgemäß!« einfach aus Ihrem Wortschatz.

Wie der Körper älter wird

Kaum zu glauben, aber wahr: Ab dem 30. Lebensjahr werden wir - biologisch gesehen - alt. Die Leistungsfähigkeit von Muskeln, Knochen und Gelenken, Sinnesorganen, Haut und Hormonen, Augen und Ohren lässt langsam, aber unaufhörlich nach. Die typischen Veränderungen:

Die Muskeln

Ab dem 30. Lebensjahr baut der Körper kontinuierlich Muskelmasse ab - pro Lebensjahrzehnt mindestens 3 Kilogramm. In der Regel wird statt dessen Fett eingelagert. Wenn die Muskeln mit der Zeit immer schlaffer werden, dann leidet auch die äußere Erscheinung darunter. Wir wirken insgesamt schlaffer, auch die Körperhaltung verschlechtert sich.

Der Rücken

Ab 30 wird es Zeit, etwas für seinen Rücken zu tun. Denn wenn die Muskelkraft nachlässt, beugt sich der Rücken mit der Schwerkraft. Und das hat Konsequenzen

VON FRAU ZU FRAU

Neues ausprobieren - Neues leisten: Wer ständig offen bleibt für Neues, der bleibt auch fit. Ziele zu haben, sich Aufgaben zu stellen und Neues zu lernen, das macht selbstbewusst und schenkt Erfüllung. Es ist wichtig, eine Aufgabe und ein Ziel vor Augen zu haben. Wenn Frauen älter werden, aus dem aktiven Berufsleben ausscheiden oder wenn die Kinder erwachsen werden, dann fühlen sie sich manchmal nutzlos. Das muss nicht so sein. Suchen Sie sich rechtzeitig neue Betätigungen, die Ihnen Spaß machen und die Sie fordern. Nordic Walking ist eine Möglichkeit. Vielleicht spüren Sie, dass Sie in der jetzigen Lebensphase viel unabhängiger sind als in vergangenen Jahren. Und vielleicht entdecken Sie völlig neue Seiten an sich selbst, verborgene Talente oder unerwartete Kompetenzen.

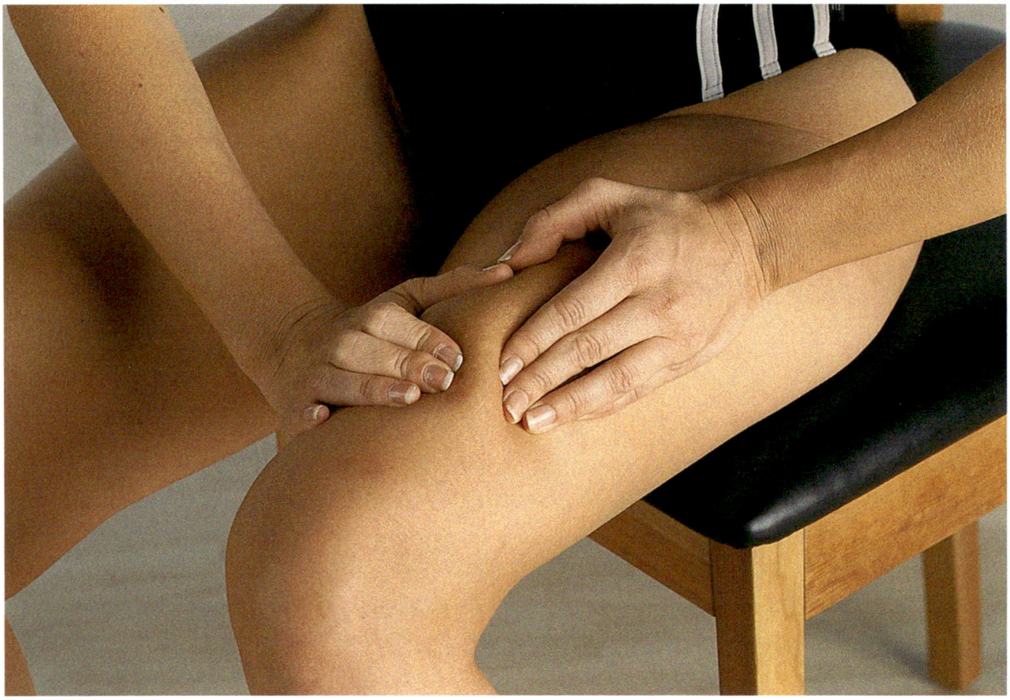

Der Alterungsprozess macht auch vor der Haut nicht Halt. Aber man kann etwas dagegen tun: Nordic Walking strafft das Bindegewebe.

für die Wirbelsäule: Die Bandscheiben, die zwischen den einzelnen Wirbelkörpern liegen, werden schlechter ernährt und verlieren an Flüssigkeit. Mögliche Folge: Rückenschmerzen. Bleiben Sie aktiv und bewegen Sie sich regelmäßig. Das ist die wirkungsvollste Strategie, um Rückenproblemen vorzubeugen.

Die Knochen

Knochen bilden das Gerüst unseres Körpers, sie stützen und stabilisieren uns. Sie werden etwa bis zum 35. Lebensjahr aufgebaut. Danach verlieren sie an Substanz und damit auch an Stabilität. Der Knochenschwund erfolgt von Mensch zu Mensch unterschiedlich schnell. Der normale, altersbedingte Knochenschwund kann mit regelmäßiger Bewegung verlangsamt werden.

Die Gelenke

Häufigste Ursache von Gelenkproblemen sind Verschleißerscheinungen. Der Knorpel ist für die Gesunderhaltung eines Gelenks von großer Bedeutung: Er gleicht Druckbelastungen auf das Gelenk aus und bildet die Gelenkflüssigkeit, die das Gelenk gesund und beweglich hält. Doch - der Knorpel braucht Bewegung: Ein ständiger Wechsel von Be- und Entlastung, eine gleichmäßige und sanfte Druckbelastung sorgt für eine gute Ernährung des Knorpels und hält ihn lange fit und leistungsfähig. Wenn Sie sich also regelmäßig sanft bewegen, wird der Knorpel belastbarer. Das schützt ihn vor Abnutzungserscheinungen.

Herz und Kreislauf

Ein trainiertes Herz-Kreislauf-System ist die beste Prävention von Herzinfarkt und Schlaganfall. Ein Herz jedoch, das kaum belastet wird, wird mit der Zeit immer schlapper. Das hängt damit zusammen, dass unser Körper sich immer genau auf die Belastung einstellt, die von ihm verlangt wird. Ein Herz, das richtig viel zu tun hat, weil der Körper sich regelmäßig bewegt und sich anstrengt, wird stärker und leistungsfähiger. Sobald wir jedoch träger werden, passen sich Herz und Kreislauf an die veränderte Situation an und verlieren an Funktionsfähigkeit.

Die Hormone

Hormone beeinflussen unser Leben, sie wirken sich auf Stimmungen und Gefühle aus und halten uns fit. Bereits ab dem 30. Lebensjahr sinkt die körpereigene Hormonproduktion. Hormone, wie zum Beispiel das Wachstumshormon, Testosteron, DHEA (Dehydroepiandrosteron) oder Melatonin werden nur in jungen Jahren in großen Mengen gebildet. Sie sind zuständig für die Beschaffenheit der Haut, für die Erneuerung von Körperzellen und für ein gut funktionierendes Immunsystem. Im Laufe der Jahre sinkt die natürliche Hormonproduktion teilweise bis auf ein Minimum ihres Ausgangswertes ab. Es gibt jedoch eine Möglichkeit, auf natürlichem Weg die Ausschüttung der Hormonproduktion anzuregen und zu steigern: Bewegen, bewegen, bewegen - möglichst an der frischen Luft.

Das Immunsystem

Wenn wir älter werden, verliert unser Immunsystem zunehmend an Schlagkraft gegen Viren, Bakterien und Pilze. Diese Schwäche führt dazu, dass die Erreger leichter Krankheiten in uns auslösen können. Auch chronische Infektionen mehren sich. Die Immunzellen werden träge. Sie reagieren langsamer und erst mit Verzögerung auf die eindringenden Keime. Wissenschaftliche Studien belegen, dass regelmäßige Bewegung und eine gesunde, ausgewogene Ernährung die altersbedingten Veränderungen des Immunsystems aufhalten.

Die Haut

Der Alterungsprozess macht auch vor unserer Haut nicht Halt. Die Hautstruktur wird verändert, die Haut wird insgesamt dünner. Auch das Bindegewebe, das die Haut strafft, verliert mit der Zeit seine Elastizität und seine Festigkeit. Es bilden sich Falten - vor allem im Gesicht, an den Handrücken und an den Unterarmen. Dadurch sieht man auch die Blutgefäße deutlicher.

Jungbrunnen Nordic Walking

»Dafür bin ich zu alt!« - Dieser Spruch kommt leider immer noch viel zu schnell über die Lippen, wenn es darum geht, sich zu bewegen, sportlich aktiv zu werden oder eine neue Sportart auszuprobieren. Dabei ist schon seit vielen Jahren bekannt, dass Bewegung und Sport das sinnvollste, preisgünstigste und einfachste Mittel ist, um sich gesund und fit zu halten. Fest steht: Wer regelmäßig Nordic Walking macht, erhöht seine Chance, lange zu leben. Gleichzeitig verbessert er seine Chancen, gesund und mit hoher Lebensqualität alt zu werden.

Wichtig zu wissen: Es ist nie zu spät, damit zu beginnen. Auch im hohen Alter ist es noch sinnvoll, sich möglichst viel zu bewegen, um die Körperfunktionen aufrechtzuerhalten - zum Beispiel mit Nordic Walking. Denn: Alle Körperorgane, die wir nicht benutzen, verkümmern mit der Zeit. Egal ob Herz und Kreislauf, Muskulatur, Gelenke oder Rücken - was nicht regelmäßig gebraucht und aktiviert wird, wird automatisch immer schwächer. Hinzu kommt, dass eine regelmäßige moderate Bewegung wie Nordic Walking hilft, viele Krankheiten zu verhindern. Zum Beispiel: Herzinfarkt, Osteoporose, Arthrose, Rückenprobleme, Muskelverspannungen, Diabetes, Fettstoffwechselstörungen, Übergewicht, depressive Stimmungen, Immunschwäche.

Bewegung bringt die Gehirnzellen auf Trab

Körperliches Training, wie zum Beispiel Nordic Walking, stimuliert das Gehirn. Zu diesem Ergebnis kommen Wissenschaftler der Deutschen Sporthochschule Köln. Ihnen ist es zum ersten Mal gelungen, Einblicke in die Zusammenhänge zwischen Sport und kognitiver Leistungsfähigkeit zu bekommen. Mit erstaunlichen Ergebnissen: Körperliche Bewegung verstärkt die Durchblutung des Gehirns. Dadurch wird das Nervenwachstum angeregt: Nervenzellen und Synapsen werden stimuliert und bilden sich neu. Gleichzeitig verhindert Bewegung auch, dass Denkleistungen im Laufe des Lebens nachlassen.

TIPP

Nordic Walking hält uns jung, weil es

- **Energie und Kraft gibt,**
- **selbstbewusst macht,**
- **entspannt,**
- **Ausstrahlung verleiht,**
- **für eine gute Haltung sorgt,**
- **schlank macht,**
- **das Bindegewebe strafft,**
- **die geistige Leistungsfähigkeit stimuliert,**
- **Rücken- und Gelenkschmerzen entgegenwirkt,**
- **vor Herzinfarkt schützt,**
- **das Immunsystem stärkt,**
- **den Cholesterinspiegel reguliert,**
- **Altersdiabetes entgegenwirkt,**
- **die Psyche stabilisiert**
- **und beweglich hält.**

Sport mit Wohlfühl-Faktor

Immer noch assoziieren viele Menschen Sport und Bewegung automatisch mit leistungsorientiertem Wettkampfsport. Kein Wunder - schließlich gab es in ihrer Jugend oft nur diese eine Form von Sport. Das hat sich jedoch inzwischen grundlegend geändert: Heute spielt der Gesundheits- und der Freizeitsport eine viel größere Rolle als früher. Die meisten Menschen treiben heute Sport, weil es ihnen Spaß macht, weil Bewegung gesund ist und vor allem, weil man sich dabei so richtig gut fühlt. Bewegen heißt also vor allem Wohlfühlen - und genau nach diesem Motto sollten Sie auch Nordic Walking betreiben. Wer beim Training übertreibt und sich überfordert, der schadet sich damit. Mit einem zu intensiven Training schwächen Sie Ihr Immunsystem und belasten die Gelenke unnötig. Außerdem kann ein überforderter Körper sich nicht mehr so gut gegen die aggressiven freien Radikale zur Wehr setzen. Das sind instabile Sauerstoffmoleküle, die die Erbsubstanz schädigen und die von einigen Experten für das Altern des Körpers verantwortlich gemacht werden.

Deshalb ist es wichtig, mit der richtigen Intensität zu trainieren: Sie trainieren richtig, wenn Sie zwar etwas schneller, aber immer noch gleichmäßig atmen und Ihre Bewegungen nach wie vor präzise und sicher sind. Außerdem können Sie sich beim Walken immer noch unterhalten.

Wer sich viel bewegt, fühlt sich wohl und bleibt jung!

Nach dem Training fühlen Sie sich zwar verschwitzt und belastet, aber trotzdem locker und fit.

Und daran merken Sie, dass Sie sich überfordern: Sie können »beim Walken nicht mehr talken«, werden zunehmend unkonzentrierter. Der Stockeinsatz funktioniert nicht mehr optimal, die Bewegung ist nicht mehr rund und harmonisch. Sie stolpern häufiger und knicken um. Nach dem Training fühlen Sie sich ausgepowert, Muskeln und Gelenke schmerzen.

Wer regelmäßig Nordic Walking macht, erhöht seine Chancen, länger zu leben!

TIPP

Achtung – Check-up beim Arzt nicht vergessen!
Bevor Sie mit Nordic Walking beginnen, sollten Sie sich unbedingt von Ihrem Arzt oder Ihrer Ärztin untersuchen lassen. Er/sie wird Sie durchchecken und überprüfen, ob Bewegung und Sport Ihnen auch von ärztlicher Seite empfohlen werden kann. Vielleicht gibt er Ihnen auch Tipps, welcher Sport aus medizinischer Sicht für Sie besonders sinnvoll ist.

Das Nordic-Walking-Programm zum Jungbleiben

Sportwissenschaftler und Altersforscher empfehlen Menschen die Kombination von Ausdauersport und Muskeltraining, um auf Dauer fit, gesund, jung und vital zu bleiben. Leider fördern die meisten Sportarten entweder das eine oder das andere. Radfahren und Walking trainieren die Ausdauer, das Gerätetraining im Fitness-Studio oder die Bauch-Beine-Po-Kurse im Sportverein die Muskeln. Nordic Walking kann beides: Das schwungvolle Gehen trainiert die Ausdauer und durch den Stockeinsatz werden gleichzeitig die Muskeln optimal gekräftigt. Absolut perfekt!

Wenn Sie Nordic Walking machen, um jung, gesund und fit zu bleiben, sollten Sie unbedingt regelmäßig trainieren, 2- bis 3-mal pro Woche sind optimal. Bedenken Sie - das ist sehr wenig Einsatz verglichen mit den Effekten, die Sie dabei für Ihre Gesundheit und Ihr Wohlbefinden erreichen können. Mit der Zeit werden Sie spüren, dass Sie immer leistungsfähiger werden. Die anfänglich vielleicht noch anstrengende Bewegung wird Ihnen immer leichter fallen. Wenn Sie dann Ihr Pensum vorsichtig steigern wollen, ist das kein Problem. Sie sollten allerdings aus gesundheitlicher Sicht versuchen, lieber länger unterwegs zu sein als das Tempo zu steigern und schneller zu werden. Lassen Sie es langsam angehen.

Suchen Sie sich anfangs eine möglichst ebene Strecke aus. Bei Steigungen setzen Sie den Schritt etwas kürzer und drücken sich kräftig mit den Stöcken vom Boden ab. Sie steigern den Effekt Ihres Trainings, wenn Sie im Anschluss an jede Tour die Stretching-Übungen auf Seite 45/46 machen. Wenn Sie sich beim Sport vor allem auch entspannen und wohlfühlen wollen, probieren Sie zusätzlich zu Beginn jeder Tour das Fitness-Programm aus Fernost oder die Energie-Übungen aus.
Während des Trainings sollten Sie einen Puls von »180 - Lebensalter« nicht überschreiten. Wenn Sie unsicher sind, wie hoch Ihr Puls ist, messen Sie nach (siehe Seite 25). Vergessen Sie nicht, sich vor jeder Tour kurz aufzuwärmen.

6-WOCHEN-PLAN

1. WOCHE: 2 Trainingstage
1: 20 min Nordic Walking (locker), Stretching
4: 20 min Nordic Walking (locker), Stretching

2. WOCHE: 4 Trainingstage
1: 20 min Nordic Walking (locker), Stretching
2: Anti-Aging-Muskeltraining
4: 20 min Nordic Walking (locker), Stretching
5: Anti-Aging-Muskeltraining

3. WOCHE: 4 Trainingstage
1: Fitness aus Fernost (S. 50f.), 25 min Nordic Walking (locker), Stretching
2: Anti-Aging-Muskeltraining
4: Fitness aus Fernost, 25 min Nordic Walking (locker), Stretching
5: Anti-Aging-Muskeltraining

4. WOCHE: 4 Trainingstage
1: 30 min Nordic Walking (locker), Stretching
2: Anti-Aging-Muskeltraining
4: 30 min Nordic Walking (locker), Stretching
5: Anti-Aging-Muskeltraining

5. WOCHE: 5 Trainingstage
1: Fitness aus Fernost, 35 min Nordic Walking (locker), Stretching
2: Anti-Aging-Muskeltraining
4: Fitness aus Fernost, 35 min Nordic Walking (locker), Stretching
5: Anti-Aging-Muskeltraining
7: 20 min Nordic Walking (locker), Stretching (nur, wenn Sie möchten)

6. WOCHE: 5 Trainingstage
1: 40 min Nordic Walking (locker), Stretching
2: Anti-Aging-Muskeltraining
4: 40 min Nordic Walking (locker), Stretching
5: Anti-Aging-Muskeltraining
7: 30 min Nordic Walking (locker), Stretching

Muskeln stark machen!

Muskeln wollen gefordert und gepflegt werden, dann machen sie eine gute Figur. Wenn Sie älter als 30 sind, baut der Körper kontinuierlich Muskelmasse ab und lagert Fett ein - pro Lebensjahrzehnt etwa 3 Kilogramm. Doch Sie können diesen Prozess stoppen: Gezieltes Training festigt die Muskeln und verhindert unerwünschte Fettdepots. Sind Ihre Muskeln stark und fest, dann verbrauchen sie viel mehr Energie, als wenn sie träge durchhängen. Denn: Je größer die Muskelmasse des Körpers, umso höher ist Ihr Grundumsatz. Dadurch verbrennen Sie 24 Stunden lang bei allem, was Sie tun, mehr Energie - sogar im Schlaf! Sportwissenschaftler haben nachgewiesen, dass Muskeltraining gut funktioniert, wenn Muskeln mit mittlerer Intensität und regelmäßig gekräftigt werden, und zwar mindestens 2-mal pro Woche. Wer langfristig nur 1-mal in der Woche trainiert, kann seine bestehende Kraft lediglich erhalten. Verbessern können Sie sich mit diesem Trainingspensum nur, wenn Sie Anfänger sind, denn bereits nach ein paar Wochen hat der Körper sich an die Belastung angepasst. Fortgeschrittene können auch 3-mal pro Woche trainieren. Allerdings sollten mindestens 48 Stunden Pause zwischen den Trainingszeiten liegen, damit die Muskeln sich regenerieren können. In dieser Regenerationszeit passt sich der Muskel an die neuen Herausforderungen an.

Rückenschmerzen vorbeugen

Kräftige Muskeln sind jedoch nicht nur für die Figur wichtig. Sie brauchen ihre Kraft auch, um gesund zu bleiben. Zwischen 30 und 80 Jahren kann die Kraftfähigkeit der Rücken-, Arm- und Beinmuskeln um bis zu 60 Prozent sinken. Schuld daran ist vor allem die wachsende Trägheit. Wir haben insgesamt etwa 640 Muskeln. Ein nicht unerheblicher Teil dieser Muskeln hat die Aufgabe, uns aufrecht zu halten und uns zu bewegen. Werden die Muskeln mit der Zeit immer schlaffer, dann leidet vor allem die Körperhaltung darunter. Es sind die Rücken- und die Bauchmuskeln, die die Wirbelsäule gegen die Schwerkraft aufrecht halten. Wenn sie an Kraft verlieren, wird der Rücken rund, die Schultern hängen nach vorn, der Brustkorb wird eingeengt. Fatale Auswirkungen: Bandscheiben werden geschädigt, Gelenke werden falsch belastet, Bänder überstrapaziert, die Atmung eingeschränkt. Die Folgen sind Rückenschmerzen und Gelenkprobleme. Doch das muss nicht sein: Wenn Sie Ihre Muskeln regelmäßig trainieren, behalten Sie Ihre Kraft auch im Alter, denn Muskeln sind bis ins sehr hohe Alter trainierbar. Hinzu kommt: Muskelkraft ist eine der wichtigsten Voraussetzungen zur Erhaltung von Funktionsfähigkeit und Selbstständigkeit im Prozess des Älterwerdens. Vor allem bei Frauen jenseits der 40 sind eklatante Kraftverluste nachgewiesen worden.

DAS ANTI-AGING-MUSKELTRAINING

Für die Oberschenkel

1

1 Im aufrechten Stand die Füße hüftbreit öffnen. Den Po langsam nach hinten schieben – so als wollten Sie sich hinsetzen – und genauso langsam wieder hochkommen. Achtung: Der Winkel zwischen Ober- und Unterschenkel darf nicht kleiner werden als 90 Grad, sonst schaden Sie Ihren Kniegelenken. 15-mal üben, danach kurze Pause. Insgesamt 3 Durchgänge.

Für den Po

2

2 Unterarmstütz, die Ellbogen direkt unter den Schultern aufsetzen. Der Rücken ist ganz gerade. Nun das rechte Bein so anheben, dass Ober- und Unterschenkel einen rechten Winkel bilden. Heben Sie den Oberschenkel langsam nach oben an, nicht mit Schwung – dann langsam wieder senken. 10–15-mal auf jeder Seite. Insgesamt 3 Serien.

Für Brust, Schultern und Arme

3

3 Hände und Knie auf dem Boden aufsetzen, Hände direkt unterhalb der Schultern. Unterschenkel an den Po heranziehen. Nun Ellbogen beugen und Brustbein langsam auf den Boden zubewegen. Die Schulterblätter unbedingt abwärts Richtung Gesäß ziehen. Genauso langsam wieder hochkommen. Wenn Sie Knieprobleme haben oder die Übung zu schwierig ist, können Sie die Übung auch vor einer Wand stehend machen.

Für den Bauch

4

4 In der Rückenlage die Fersen aufstellen und die Hände übereinander an den Hinterkopf legen. Die Ellbogen so weit nach außen bewegen, bis Sie sie nicht mehr sehen können. Spannen Sie jetzt den Bauchnabel nach innen zur Wirbelsäule und drücken Sie den Kopf zurück in die Hände. Heben Sie nun Ihren Oberkörper an, dabei ausatmen und – langsam wieder senken, aber nicht auf den Boden ablegen. 10–15 Wiederholungen, 3 Durchgänge.

Achtung Stolpergefahr!

Man schätzt, dass etwa ein Drittel der Menschen über 65 Jahren mindestens einmal pro Jahr stürzt. Schuld daran ist vor allem die verringerte Fähigkeit zur sicheren Fortbewegung. Wer einmal gestürzt ist und sich dabei verletzt hat, bekommt Angst, dass es auch ein zweites Mal passiert und bewegt sich weniger. So beginnt ein Teufelskreis: Der beste Schutz vor Stürzen: Bewegen, bewegen, bewegen!
Um in Gefahrensituationen schneller reagieren zu können, muss das Zusammenspiel von Muskeln und Nervensystem verbessert werden. Dadurch erhalten und verbessern Sie Ihre Muskelkraft und Gelenkstabilität. In unseren Anti-Sturz-Tipps und -Übungen geht es genau darum. Möglicherweise werden Ihnen das Cross-Training und die Übungen zu Anfang schwer fallen. Trauen Sie sich!

Sturzprophylaxe

- Prüfen Sie Ihr Hör- und Sehvermögen.
- Bei der Einnahme von mehr als 4 Medikamenten sind Sie besonders gefährdet. Sprechen Sie mit Ihrem Arzt.
- Gönnen Sie sich häufig eine Fußmassage und bewegen Sie Ihre Sprunggelenke, das schult Ihre Sinnesorgane.
- Nutzen Sie Bodenunebenheiten zum Cross-Training
- Führen Sie die aufgeführten Übungen regelmäßig durch.
- Einge gute Übung zur Sturzprophylaxe ist die Sprunggelenkschaukel (siehe Bild links): Sie stehen aufrecht mit vorne aufgestellten Stöcken. Verlagern Sie jetzt Ihr Körpergewicht so weit, dass die Fußballen vom Boden abheben. Jetzt rollen Sie beide Füße gleichzeitig von ganz weit hinten nach ganz weit vorn, bis auf die Zehen. Und wieder zurück, dass die Fußballen abheben. Minimal mit den Stöcken abstützen. Mutige schließen auch mal die Augen!

ÜBUNGEN FÜRS GLEICHGEWICHT

Wollen Sie Ihr Gleichgewichtsvermögen testen und gleichzeitig auch üben? Dann stellen Sie sich aufrecht so hin, dass der hintere Fuß direkt und ganz gerade an der Ferse des vorderen Fußes anschließt. Zusätzlich heben Sie die Arme nach vorne bis auf Schulterhöhe gestreckt an. Die Daumen zeigen nach oben. Wenn Sie jetzt noch die Augen schließen und Ihre Position mindestens 10 Sekunden halten können, ohne sich zu bewegen, dann ist es um Ihr Gleichgewicht gut bestellt.

Der Storch

1 Eine Basisübung beim Anti-Sturz-Training ist der Storch. Trainieren Sie immer mal wieder, so lange wie möglich auf einem Bein zu stehen. Wenn Sie sich sicherer fühlen, dann schließen Sie dabei auch mal die Augen. Spüren Sie, wie Ihr Sprunggelenk und Ihre Muskeln plötzlich viel mehr arbeiten müssen als bei geöffneten Augen? Achten Sie aber darauf, dass Ihr Becken nicht auf einer Seite abfällt. Dann trainieren Sie sogar zusätzlich noch die Gesäßmuskeln.

1

Cross-Training

2 Nutzen Sie Ihr Übungsgelände zum Anti-Sturz- und Muskelaufbautraining! Jede Unebenheit im Boden kommt Ihnen gerade recht. Sie sind konzentrierter, geben Ihren Muskeln und Gelenken mehr Befehle, lernen auf Unebenheiten schneller und besser zu reagieren und veranlassen mehr Muskeln zum Mitarbeiten. Sie werden auf einer Wiese, im Sand oder wurzeldurchwachsenem Waldboden automatisch kürzere und elastischere Schritte machen und dadurch Knie-, Hüftgelenke und Rücken schonen. Aber! Cross-Training ist anstrengend. Deshalb bitte nicht länger als 10–20 Minuten am Stück Cross-Training betreiben. Lieber immer mal wieder für kleine Sequenzen zwischendurch auf die Wiese ausweichen.

2

Mehr Spaß durch Vielfalt

Schmerz macht Angst! Seit unserer Kindheit ist uns bewusst, dass Gefährdung und Schmerz oft miteinander verbunden sind. Schmerz bedeutet also Gefahr und diese macht uns Angst - besonders dann, wenn sie nicht sichtbar und der Schmerz trotzdem vorhanden ist. Eine Gefahr liegt beispielsweise im falschen Umgang mit dem eigenen Körper. Die meisten Schäden am Bewegungsapparat beruhen auf Einseitigkeit: einseitiges Training, einseitige Belastung, einseitiges Tun. Vielfalt und Vielseitigkeit entsprächen unserem Körper mehr. Außerdem macht Abwechslung mehr Spaß.

Gerade Nordic Walking hat mit all seinen Varianten viele Gesichter. Je nach Leistungsvermögen, Gelände, körperlichen Beschwerden oder auch Lust und Laune entscheiden Sie sich für die ein oder andere »neue« Variante. Dabei können Sie auch zwischen diesen Varianten innerhalb einer Trainingseinheit abwechseln. Lassen Sie die Stöcke auch ruhig einmal zu Hause. Walken ohne Stöcke bedeutet nämlich, mehr Gleichgewichtsreize verarbeiten zu müssen. Sie trainieren Gehirn und Muskulatur gleichzeitig und wenn Sie das auch noch in unebenem Gelände tun, dann ist das Training umso intensiver.

Aber denken Sie auch daran: Ein Training ist nur so gut und effektiv wie seine Pausen. Lassen Sie Ihrem Körper die Ruhe und Entspannung, die er nach einem anstrengenden Training verdient hat. Nur dann kann er beim nächsten Training schon mehr leisten. Eine gute Pause zeichnet sich aber nicht unbedingt durch Faulsein aus. Deshalb bieten wir Ihnen mit dem Nordic-Walking-Wellness-Programm die Ergänzung zum Powertraining und die Alternative zum Nichtstun.

Intervall-Training

Mit Intervall-Training wird Ihr Training nicht nur abwechslungsreich, sondern auch erheblich intensiver. Entscheiden Sie sich aber nur dafür, wenn Sie sich gut fühlen. Sie sollten sich nicht überwinden müssen, die nächsten 100 m zügiger zu walken, sondern wirklich Lust drauf haben.

Wie geht's?

Ganz einfach: Nachdem Sie sich mindestens 10 Minuten langsam eingewalkt haben, schauen Sie auf Ihre Uhr und nehmen sich vor, die nächste Minute schnellere - aber nicht unbedingt kürzere - Schritte zu machen. Sie können sich auch eine Markierung - wie z. B. die große Eiche in etwa 200 m Entfernung - zum Ziel setzen und bis dorthin schneller walken. Dann heißt es, mindestens 5 Minuten ein ruhiges, gleichmäßiges Tempo einzuschlagen. Wenn Ihnen danach ist, versuchen Sie dann das zügigere Intervall auf 2 Minuten zu erhöhen. Wiederholen Sie diese Intervalle, bis Sie die zügigen Strecken genauso lange durchhalten wie die ruhigeren, also im Endeffekt 5 Minuten zügig und 5 Minuten ruhig im Wechsel zu schaffen. Mit der Zeit werden Sie merken, dass Ihnen die zügigeren Abschnitte gar nicht mehr so schwer fallen und Sie können sie nach eigener Einschätzung verlängern.

TIPP

Achten Sie beim Intervalltraining auf Ihren Atem: Sie dürfen zwar gerne ins Schwitzen kommen, aber nicht Ihren Atem verlieren. Solange uns also nicht die Luft wegbleibt und wir unserer Lieblingsbeschäftigung (angeregtes Unterhalten) nachgehen können, ist alles in Ordnung. Nehmen Sie immer mal wieder zwischendurch Ihren Puls.

Sie können die anstrengenderen Abschnitte beim Nordic Walking auch durch die Geländewahl beeinflussen. Sicher sind Sie schon einmal am Strand spazieren gegangen. Haben Sie bemerkt, wie anstrengend das ist? Das liegt daran, dass der Boden uneben ist und zusätzlich nachgibt. Sie brauchen mehr Konzentration und auch tatsächlich mehr Muskulatur, wenn Sie sich darauf fortbewegen. Wenn Sie sich also intensiver fordern wollen, dann müssen Sie nicht unbedingt schneller walken, sondern können sich auch einfach auf die Wiese begeben.

TIPP

Sollten Sie wegen Ihrer Gelenke Bedenken haben, dann empfehlen wir Ihnen unsere Gelenkübungen (S. 63 f.). Nach 6 Wochen regelmäßigem Üben mindestens 2-3-mal pro Woche können Sie sich getrost auf die Wiese wagen.

Stock- und Körpereinsatz einmal anders

Durch spezielle Techniken trainieren Sie nicht nur bestimmte Muskelgruppen intensiver, sondern auch die Gefäße sowie Herz und Kreislauf. Das kann ganz schön anstrengend werden. Deshalb bauen Sie diese Techniken immer mal wieder in Ihr Training ein. Auch hier gilt: Nur so lange, wie Sie die Puste dazu haben und es Ihnen gut tut! Vielleicht 3 Minuten Rolltraben, später dann 5 oder 10 Minuten Woggen. Bei Bergauf-Passagen 1 Minute Sprunglauf oder Sie führen alle 5 Minuten eine Doppelstock-Sequenz von 1–2 Minuten durch. Das bringt Abwechslung und treibt auch den Puls in die Höhe. Es kann passieren, dass Ihr Puls in diesen kurzen intensiven Sequenzen über die 85 %-Grenze hinausgeht. Achten Sie auf Ihr Körpergefühl und geben Sie sich Zeit, wieder auf Normalpuls zu kommen. Vergessen Sie beim Training eines nie: Bei allen Vorteilen, die eine Intensitätssteigerung bietet, ist das Wichtigste immer die Sensibilität für den eigenen Körper. Sowohl während als auch nach dem Training sollten Sie sich so richtig gut fühlen. Angenehm müde und erschöpft aufs Sofa oder

Nordic Walking über Stock und Stein – eine Herausforderung der besonderen Art!

ins Bett zu fallen, ist in Ordnung. Wenn Sie aber das Gefühl haben, völlig am Ende und ausgelaugt zu sein, dann schalten Sie einen Gang zurück.

Rolltraben

Das besondere an dieser Technik ist der extreme Einsatz der Fuß- und Wadenmuskulatur. Dadurch trainieren Sie ganz nebenbei auch noch Ihre Venen. Die Wadenmuskelpumpe sorgt für einen idealen Pumpeffekt, der das Blut herzwärts treibt und so die Gefäße und das Bindegewebe in den Beinen entlastet. Diese Technik lebt nicht von der Geschwindigkeit, sondern vom intensiven Einsatz der Beinmuskulatur und der Koordination. Personen mit Venen- und Fußschwächen sehr zu empfehlen.

Rolltraben tut den Venen gut.

Wie geht's?

Die Schrittlänge ist extrem kurz. Dafür rollt der Fuß ganz bewusst und intensivst von der Ferse auf den Großzehenballen ab. Das Abrollen des Fußes simuliert eine Art »Stempelbewegung« mit Druck von hinten nach vorne. Dadurch ergibt sich beim Rolltraben eher eine Hoch-Tief-Bewegung als eine Bewegung nach vorne. Trotzdem haben Sie keine Sprungphase. Die Stöcke werden nicht so sehr geschwungen, sondern setzen eher neben/hinter dem Körper ein und unterstützen die Tief-Hoch-Bewegung. Man könnte diese Bewegung auch annähernd vergleichen mit einem flotten »pantomimischen Gehen«.

TIPP

Rolltraben Sie nur über kurze Sequenzen von etwa 1–2 Minuten Länge. Dann walken Sie entspannt weiter und wiederholen diese Rolltrab-Sequenzen 3–4-mal pro Training. Diese Art des Walkens (auch Venenwalking genannt) ist äußerst anstrengend und muskulär sehr ermüdend. Also lieber langsam anfangen.
Und wenn Sie Ihren Venen noch zusätzlich etwas Gutes tun wollen: Stellen Sie Ihre Beine vor dem Schlafengehen senkrecht an eine Wand nach oben. So kann das Blut maximal abfließen und Sie entlasten Ihr Gewebe optimal.

Woggen mit Stöcken

Woggen ist ein Zwischending zwischen Walken und Joggen. Woggen mit Stöcken empfehlen wir vor allem jenen Personen, die aufgrund von Gelenkbeschwerden mit dem Joggen aufhören mussten. Woggen kann interessant sein, wenn Sie sich intensiver als beim normalen Walking belasten wollen.

Wie geht's?

Die Schrittlänge ist kürzer als beim Nordic Walking, aber länger als beim Rolltraben. Sie setzen Ihr Sprunggelenk intensiver ein, sodass die Tief-Hoch-Bewegung ausgeprägter ist. Würden Sie sich so intensiv abdrücken, dass beide Füße kurzfristig vom Boden abheben, wären Sie beim Joggen. Da Sie aber mit einem Bein immer Bodenkontakt halten, woggen Sie. Der Stockeinsatz ist eher neben dem Körper. Setzen Sie die Stöcke kurz und prägnant ein, unterstützen Sie so die Tief-Hoch-Bewegung.

Der Doppelstockeinsatz

Der Doppelstockeinsatz schult Ihren Armschwung nach hinten. Es tut richtig gut, beide Stöcke nach hinten wegzuschleudern! Bergauf setzen Sie die Stöcke noch intensiver ein; dies erfordert eine gute Koordination und kräftigt den Rumpf-/Arm-Bereich intensivst.

Wie geht's?

Die Beintechnik ist die des ganz normalen Walkens. Gleichzeitig mit dem Abdruck des hinteren Beines werden beide Stöcke weit vor dem Körper eingestochen. Durch Zug und Druck auf die Stöcke und den starken Abdruck vom Fußballen wird der Körper quasi nach vorne-oben katapultiert. Die Stöcke »fliegen« nahezu nach hinten, Ihr Rumpf streckt sich, Sie genießen das Aufgerichtetsein in Kopf und Körper!

Power mit Sprunglauf

Vielleicht ist Ihnen nach Luftsprüngen zu Mute? Dann heißt es für Sie 1 Minute Sprunglaufen. Diese Technik entstammt dem Leistungstraining der Skilangläufer und -springer. Die äußerst intensive Beanspruchung von Muskeln, Herz und Lunge ist nur dann zu empfehlen, wenn Sie keine Gelenk- oder Herz-Kreislauf-Probleme haben. Hiermit trainieren Sie nicht nur die Ausdauer im Allgemeinen, sondern im Speziellen die Sprungkraftausdauer. Durch den intensiven Stockeinsatz wird auch die gesamte Arm- und Rumpfmuskulatur effektiv trainiert.

Wie geht's?

Charakteristisch für den Sprunglauf ist der intensive Abdruck bzw. Absprung des hinteren Fußes vom Boden. Gleichzeitig wird das vordere Knie nach vorn-oben katapultiert, sodass Sie für einen Moment schweben. Die anschließende Landephase auf dem vorderen Fußballen ist gleichzeitig die Vorbereitung für den nächsten Abdruck vom Boden. Diese anstrengende Beinarbeit wird durch den diagonalen Stockeinsatz unterstützt: Sie drücken sich kräftig über die Stöcke vom Boden ab. Die Flugphase wird dadurch verlängert, die Belastung bei der Landephase kann reduziert werden. Besonders intensiv wird dieses Training in ansteigendem Gelände.

Sprunglauf mit Stöcken

TIPP

Gerade beim Sprunglaufen sollten Sie sich nicht überlasten. Testen Sie diese Technik am besten an einem leicht ansteigenden Wiesenhang. Hier ist die Gelenkbelastung geringer als auf der Ebene. Sollten sich Knie, Hüften oder Rücken am nächsten Tag bemerkbar machen, konzentrieren Sie sich die nächsten 4 Wochen auf die anderen Techniken und führen unsere Gelenkübungen durch. Dann dürfen Sie gerne noch mal probieren. Und noch etwas: Die Sprunglauf-Phasen höchstens 3 x 1 Minute pro Training durchführen. Danach gönnen Sie sich eine lange Auswalk-Phase (mindestens 10 Minuten) und eine Wechseldusche im Anschluss.

Joggen mit Stöcken

Joggen mit Stöcken? Geht das überhaupt? Und ob, probieren Sie's aus! Worauf Sie achten müssen:

- Auf die Stocklänge: Stellen Sie den Stock senkrecht auf den Boden. Wenn Ober- und Unterarm jetzt einen rechten Winkel bilden ist der Stock zu lang. Nehmen Sie für das Joggen mit Stöcken den Stock mindestens 5 cm kürzer, eventuell noch etwas kürzer als beim »normalen« Walken!

- Auf die Entspannung im Schulterbereich: Stechen Sie die Stöcke neben sich ganz locker in den Boden und ziehen Sie die Schultern dabei nicht hoch.
- Auf die Schrittlänge: Achten Sie darauf, dass auch beim Joggen das Knie vorne beim Auftreffen auf den Boden nicht gestreckt ist.

Power durch Muskelkraft

Sie können die Intensität Ihres Trainings auch durch Kräftigungsübungen während des Nordic Walkens (siehe Seite 33ff.) oder zwischendurch erhöhen. Die Theraband-Übungen, die wir Ihnen für eine Pause zwischendurch anbieten, kräftigen Ihre Rücken-, Schulter- und Armmuskulatur und machen an der frischen Luft doppelt soviel Spaß. Falls Sie unserem Rat folgen, mindestens 1 Mal pro Woche ohne Stöcke zu walken, können Sie dafür das Theraband während des Trainings als »Ersatz« nutzen.

Der V-Zug

1 Spannen Sie Ihre Bauchdecke nach innen und stellen Ihre Füße nach außen (siehe »Sieb schütteln« auf Seite 56). Schlingen Sie das Band so um Ihre Hände, dass es auf der Daumenseite übersteht und Sie die Arme und Hände bequem nach außen drehen können. Versuchen Sie die Schulterblätter nach unten Richtung Gesäß zu fixieren, wenn Sie jetzt die Theraband-Enden von unten nach oben-hinten ziehen. Sie beschreiben ein umgekehrtes V. Wiederholen Sie die Übung 2 x 10-mal mit einer kleinen Pause dazwischen.

Der Dreh-Zug

2 Ausgangsposition und -spannung sind wie beim V-Zug. Jetzt ziehen Sie den Arm aus einer eingedrehten Position von unten nach außen oben und drehen den Arm dabei langsam auswärts. Auch Hüfte, Rumpf und Kopf drehen in dieselbe Richtung. Atmen Sie während des Ziehens aus. Wiederholen Sie diese Übung als Rechtshänderin 10-mal mit dem rechten Arm und 20-mal mit dem linken Arm.

3

Heranziehen des Armes

3 Das Theraband wird auf Schulterhöhe, eventuell an einem Baum, befestigt. Jetzt ziehen Sie das Band langsam zu sich heran. Die Schultern werden dabei nach unten-hinten geschoben, der Nacken ist lang. Danach den Arm wieder anheben, ohne dass die Schulterspannung gelöst wird. Wiederholen Sie die Übung 2 x 10-mal mit einer kleinen Pause dazwischen.

4

Rudern

4 Sie haben das Theraband auf Bauchhöhe befestigt und halten beide Enden in den Händen. Spannen Sie die Bauchdecke nach innen. Ziehen Sie das Band nach hinten, ihre Ellbogen liegen eng am Körper. Schultern und Ellbogen werden keinesfalls angehoben, der Kopf bleibt gerade. So stärken Sie Ihren Rücken und entlasten Ihren Nacken. Machen Sie diese Übung etwa 10-20-mal. Dann lockern Sie Ihre Schultern und Arme. Sie können diese Übung auch im Stand durchführen.

Frau und Körper

Wer seinem Körper nichts zuzutraut,
traut sich selbst nichts zu. –
Leider haben viele Frauen ein eher ambivalentes Verhältnis
zu ihrem Körper. Wer sich allerdings regelmäßig bewegt,
stärkt nicht nur seinen Körper, sondern auch seine Psyche.

Unser Körper – ein Wunderwerk der Natur

Viele Frauen sind unzufrieden mit ihrer Figur, leiden unter zu wenig oder zu viel Oberweite, finden ihren Hintern zu dick oder zu flach, hätten gern eine schmalere Nase oder glattere Haare. Einige macht diese Unzufriedenheit mit ihrem Körper krank. Sie entwickeln Essstörungen oder Depressionen. Die Zahl der Frauen, die bereit ist, sich für einen Wunschkörper operieren zu lassen, wächst kontinuierlich. Auf der anderen Seite haben Frauen in der Regel ein wesentlich intensiveres Verhältnis zu ihrem Körper als Männer. Sie achten mehr auf ihn, pflegen ihn intensiver und leben insgesamt gesundheitsbewusster. Frauen können Krankheitssymptome besser deuten und gehen häufiger und schneller zum Arzt, wenn etwas nicht in Ordnung ist. Der weibliche Körper ist ein Wunderwerk der Natur. Er ist weich, gerundet und äußerst attraktiv, dazu extrem belastbar, leistungsfähig und ausdauernd. Doch – unser Körper braucht Bewegung. Er fordert sie regelrecht ein und signalisiert uns durch Nervosität, Müdigkeit, Gelenksteife oder Schmerzen im Nacken, dass es Zeit wird, endlich aufzustehen und aktiv zu werden. Bewegung ist eines der wichtigsten Bedürfnisse unseres Körpers. Auch die Psyche leidet meist unter zu wenig Bewegung: Der Geist wird träge, die Stimmung sinkt. Ihr Körper braucht die Bewegung, um auf Dauer fit und gesund zu bleiben. Sie müssen gehen und laufen und damit Ihren Kreislauf immer wieder in Schwung bringen. Sie müssen Ihre Muskeln benutzen und Ihre Gelenke bewegen – nur dann bleibt deren Leistungsfähigkeit auch auf Dauer erhalten. Denn: Kreislauf, innere Organe, Muskeln und Gelenke sind Minimalisten und stellen sich genau auf die Belastungen ein, die von ihnen verlangt werden. Wer seinen Puls nicht regelmäßig nach oben treibt, dessen Kreislauf wird träge. Muskeln, die nicht benutzt werden, werden schlapp und unbeweglich. Und Gelenke, die nicht aktiv sein dürfen, »rosten« ein und schränken immer mehr ihren Bewegungsradius ein. Da unser Alltag heute in der Regel viel zu bewegungsarm ist, müssen wir aktiv gegensteuern, um zu verhindern, dass unser Körper träge, schlaff und unbeweglich wird. Nordic Walking ist optimal: Es aktiviert Herz und Kreislauf, mobilisiert die Gelenke und kräftigt die Muskeln. Außerdem fühlt man sich ausgeglichener und kommt mit stressigen Situationen besser zurecht. Das hängt damit zusammen, dass das Wissen um die eigene Leistung und das Gefühl, das Wohlbefinden selbst beeinflussen zu können, innerlich stark und selbstbewusst machen.

In der Schwangerschaft – Nordic Walking hält fit!

Sie sind schwanger? Sie wollen sich bewegen – trotzdem oder vielleicht sogar gerade deshalb? Probieren Sie's mit Walking oder Nordic Walking. Das Gehen mit Stöcken ist ein optimaler Sport für Schwangere. Nordic Walking schont Muskeln, Bänder und Gelenke. Die werden während der Schwangerschaft durch die Gewichtszunahme bereits genug strapaziert und sollten durch Sport nicht zusätzlich belastet werden. Dazu verbessert Nordic Walking nachweislich die Sauerstoffversorgung im Körper. Und das ist für Schwangere besonders wichtig, weil das ungeborene Kind ausreichend mit Sauerstoff versorgt werden muss. Hinzu kommt, dass durch die sanfte Bewegung Thrombosen verhindert und Wassereinlagerungen reduziert werden können. Ein weiterer Vorteil: Schwangere, die sich regelmäßig bewegen, nehmen seltener übermäßig zu. In Studien konnte nachgewiesen werden, dass Frauen, die während ihrer Schwangeschaft moderaten Sport treiben, mit der Hormonumstellung besser zurechtkommen: Sie leiden seltener unter schwangerschaftbedingten Ängsten und Depressionen, haben eine höhere Selbstachtung und weniger körperliche Beschwerden als nicht aktive Frauen. Der veränderte Hormonstatus während der Schwangerschaft bringt viele Frauen aus der seelischen Balance. Sport scheint eine gute Möglichkeit zu sein, dies zu verhindern. Doch nicht jeder Sport eignet sich für Frauen mit Babybauch. Wenn der Sport zu anstrengend ist, wenn Sie Kontakt mit einem Gegner haben (wie bei Ball- und Kampfsportarten) oder das Risiko eines Sturzes besteht (Skilaufen, Reiten), dann sollten Sie diese Art der Bewegung besser auf die Zeit nach der Schwangerschaft verschieben. Walking und Nordic Walking dagegen sind ideal für Schwangere. Die Bewegung ist sanft und weich, das Baby ist keinen unsanften Stößen ausgesetzt. Und – beim Nordic Walking können Sie Ihr Tempo und Ihre Trainingsintensität wunderbar Ihrem veränderten Zustand anpassen: einfach etwas langsamer und lockerer walken als sonst.

TIPP

Wenn Sie diese Tipps beherzigen, können Sie Nordic Walking während der Schwangerschaft in vollen Zügen genießen:

- **Nordic Walking ist ein idealer Schwangerschaftssport. Trotzdem gibt es Frauen, die während Ihrer Schwangerschaft sogar auf diese sanfte Bewegung verzichten sollten. Sprechen Sie mit Ihrem Gynäkologen, ob wegen einer Risikoschwangerschaft Bewegung für Sie prinzipiell tabu ist.**
- **Übertreiben Sie nicht! Jetzt ist sanftes Training angesagt. Wenn Sie zu intensiv trainieren, könnten Sie Ihrem Baby schaden. Lassen Sie es lieber nicht darauf ankommen! Finden Sie Ihr eigenes Wellness-Tempo.**
- **Reduzieren Sie die Trainingsdauer: Sie müssen nicht mehr ganz so lang unterwegs sein wie vor Ihrer Schwangerschaft. 20 bis 30 Minuten reichen aus. Wenn Sie ein gutes Gefühl dabei haben, können Sie auch bis zu einer Stunde walken – allerdings nur im Wohlfühl-Tempo.**
- **Vermeiden Sie die Bewegung in der heißen und prallen Sonne. Nutzen Sie im Sommer die kühle Morgenluft oder walken Sie abends erst los, wenn es abgekühlt hat.**
- **Trinken Sie genug – sowohl vor als auch während und nach dem Walken.**
- **Machen Sie ruhig beim Training mal eine Pause mehr als sonst, wenn Sie außer Atem kommen.**
- **Nach jeder Tour brauchen Sie eine ausreichend lange Regenerationszeit. Achten Sie darauf, dass Ihr Körper zwischen zwei Touren genügend Zeit hat, sich wieder zu erholen.**
- **Tragen Sie gut gedämpfte Schuhe. Da Sie nun etwas schwerer als sonst sind, ist das wichtig für Ihre Gelenke und für den Rücken.**
- **Vermeiden Sie Strecken, bei denen es steil bergauf geht. Das kann schnell zu anstrengend werden und muss nicht sein.**
- **Walken Sie nicht auf unebenen Böden mit viel Geröll und Steinen oder auf Böden, auf denen Sie ausrutschen, schnell umknicken oder hinfallen könnten.**

PMS – das hilft garantiert!

Bei vielen Frauen spielen die Hormone in den Tagen vor den Tagen verrückt. Sie leiden unter dem Gefühl, einen aufgeblähten Bauch zu haben und aufgedunsen zu sein. Die Brust spannt, es zwickt überall. Doch die meisten Frauen leiden vor allem unter ihrer Stimmung: Sie sind mies drauf, launisch oder einfach nur genervt. Schuld daran sind die weiblichen Hormone Östrogen und Progesteron, die kurz vor und während der Periode ihren absoluten Tiefpunkt erreichen.

Doch Sie sind dieser monatlichen Achterbahnfahrt nicht hilflos ausgeliefert: In Studien ist nachgewiesen worden, dass vor allem Ausdauersport, wie zum Beispiel Nordic Walking, das prämenstruelle Stimmungstief verjagt. Die meisten Frauen mit PMS-Syndrom fühlen sich deutlich besser, wenn sie in dieser Zeit Sport treiben. Ziehen Sie sich also nicht zurück, wenn es mal wieder los geht. Greifen Sie zu Ihren Stöcken, gehen Sie raus an die frische Luft und walken Sie los! Eine amerikanische Studie stellte fest, dass Frauen, die unter Stress stehen, ein um 70 % höheres Risiko haben, vor der Periode unter einer schweren und schmerzenden Brust zu leiden. Entspannung und Lockerung sind jetzt besonders wichtig.

VON FRAU ZU FRAU

Für möglichst stressfreie Tage!

Verzichten Sie auf Koffein: Exzessive Kaffeetrinkerinnen sollten sich in den Tagen vor den Tagen etwas einschränken, denn Koffein scheint das Spannungsgefühl in Bauch und Busen zu verstärken. Steigen Sie auf Kräutertees oder entkoffeinierten Kaffee um!

Entwässern ist angesagt: Vollkornreis oder Brennnesseltee tun das auf sanfte Art und Weise. Das hilft gegen das Völlegefühl im Bauch und gegen geschwollene Hände und Füße.

Mönchspfeffer hilft: Extrakte aus Mönchspfeffer helfen bei Spannungsgefühlen in den Brüsten und bei Schmerzen der Gebärmutter. Die Substanz senkt nämlich die Freisetzung des Hormons Prolaktin, das für die Zyklusbeschwerden verantwortlich gemacht wird. Häufig tritt die Wirkung allerdings erst nach einigen Wochen ein.

In den Wechseljahren

Etwa 10 Millionen Frauen in Deutschland sind zwischen 45 und 65 Jahren alt. Die meisten von ihnen befinden sich in den Wechseljahren. Bei einer durchschnittlichen Lebenserwartung von etwa 80 Jahren, haben sie ein Drittel ihres Lebens noch vor sich. Mit den Wechseljahren verändert sich auch der Hormonhaushalt. Die Natur ist unerbittlich, die körpereigene Hormonproduktion macht schlapp. Hormone, wie Östrogen, Gestagen, Schilddrüsenhormone, aber auch Wachstumshormone, die Hormonvorstufe DHEA oder das Schlafhormon Melatonin werden nur noch in geringeren Mengen produziert. Das hat Folgen, denn Hormone steuern und regulieren unser Leben - beispielsweise unsere Fruchtbarkeit, die Lust auf Sex, die Erneuerung der Körperzellen, den Schlaf-Wach-Rhythmus und das Funktionieren des Immunsystems. Die Folgen dieses geringeren Hormonspiegels im Blut bekommen wir in den Wechseljahren deutlich zu spüren: Hitzewallungen, übermäßiges Schwitzen, Stimmungsschwankungen, Schwindel, Nervosität, Reizbarkeit und Schlaflosigkeit. Manche Frauen entwickeln sogar eine Depression. Bis vor wenigen Jahren wurden deshalb häufig Hormone vom Arzt verschrieben, um die geringere körpereigene Produktion auszugleichen und damit die Symptome zu lindern. Doch dann kam der große Schock: Der klinische Teil einer groß angelegten Studie um das Thema Wechseljahre und Hormone, an der über 16 000 Frauen im Alter von 50 bis 79 Jahren teilnahmen, musste nach dem ersten Zwischenbericht abgebrochen werden. Grund: Die Langzeiteinnahme von Östrogen und Gestagen führte zu einem erhöhten Todesrisiko für Herz-Kreislauf-Erkrankungen und Brustkrebs. Auch wenn die Ergebnisse der Studie nicht vollständig auf deutsche Verhältnisse übertragbar sein mögen, viele Frauen überlegen seitdem, ob es natürliche Strategien gibt, mit den typischen Beschwerden der Wechseljahre besser klarzukommen. Eins steht fest: Wer sich ausreichend und regelmäßig bewegt, verlangsamt den natürlichen Abbau der Hormonproduktion, lindert dadurch die Beschwerden und fühlt sich gleichzeitig fit, gesund und leistungsfähig. Bewegung regt beispielsweise die Ausschüttung von Wachstumshormonen an. Sie sorgen dafür, dass Fett ab- und Muskelmasse aufgebaut wird und dass die Knochen fest und stabil bleiben. Nordic Walking ist der optimale Sport, wenn Sie erst jetzt damit beginnen, sportlich aktiv zu sein. Sie können die Bewegung relativ schnell lernen und überfordern sich nicht. Sie können sich gemeinsam mit Freundin oder Partner auf den Weg machen und Sie sind an der frischen Luft. Das aktiviert Ihr Immunsystem und hilft Ihnen dabei, gesund zu bleiben.

Das Gewicht im Griff

Leider ist es eine Tatsache: Die meisten Frauen neigen in der Lebensphase um die Wechseljahre herum eher zum Dickwerden. Schuld daran sind auch unsere Gene: Etwa ab dem 40. Lebensjahr kommt es nämlich zu einer geringeren Produktion von Hormonen, die Fett verbrennen (Östrogen, DHEA, Wachstumshormon). Gleichzeitig werden verstärkt Hormone gebildet, die zu einer leichteren Fettansammlung im Körper beitragen (Cortisol, Insulin). Der Abbau von Östrogen hat oft einen gesteigerten Appetit zur Folge. Gleichzeitig verändert sich die Zusammensetzung der Schilddrüsenhormone. Häufig kommt es zu einer Schilddrüsenunterfunktion und dadurch zu einer Verlangsamung des Stoffwechsels. Folge: Die dem Körper über das Essen zugeführte Energie wird viel langsamer verbraucht, was größere Fettpolster an Bauch, Hüfte und Po zur Folge hat. Wenn Sie zusätzlich chronisch unter Stress stehen und insgesamt zu wenig schlafen, verstärken Sie diesen Mechanismus noch. Frauen, die sich in den Wechseljahren bewegen und auf eine gesunde Ernährung achten, haben weniger Probleme, ihr Gewicht zu halten.

VON FRAU ZU FRAU

Nicht alle Frauen leiden

Forscher haben herausgefunden, dass die Heftigkeit der wahrgenommenen Beschwerden in den Wechseljahren von Berufstätigkeit, Selbstvertrauen und Neuorientierung abhängig ist. Berufstätige Frauen haben demnach weniger Probleme als solche, die nicht arbeiten. Frauen mit einem geringen Selbstvertrauen haben einen höheren Leidensdruck als solche, die sich stark fühlen. Frauen, die sich auf die neue Lebensphase freuen und aktiv sind, leiden nur wenig unter der körperlichen Umstellung. In anderen Kulturen leiden Frauen übrigens weniger unter den Wechseljahren als in Europa: Wo das Ende der Fortpflanzungsphase mehr Achtung, mehr Freiheit und mehr Rechte bedeutet, sind die Symptome der Wechseljahre eher unbekannt.

Unser Tipp: Begreifen Sie das Klimakterium als einmalige Chance zur Weiterentwicklung.

Register

Die Autorinnen

Dr. Petra Mommert-Jauch ist Gesundheitswissenschaftlerin, Lehrbeauftragte der Universität Karlsruhe und Leiterin des Deutschen Walking Instituts. Sie ist durch die Konzeption neuer Gesundheitsprogramme sowie als Aus- und Fortbildungsreferentin eine national und international bekannte Fachfrau.

Petra Regelin ist Diplom-Sportlehrerin, Journalistin und hauptberuflich Referentin für Freizeit- und Gesundheitssport des Deutschen Turnerbundes. Sie hat sich als Entwicklerin neuer Fitness-Programme bundesweit einen Namen gemacht.

Literatur

Regelin, P./Mommert-Jauch, P.: Nordic Walking - aber richtig! BLV, München 2004
Regelin, P.: Fit. Bodyforming. Workouts für eine straffe Figur. Gräfe und Unzer, München 2002
Regelin, P.: Stretching. Die besten Übungsprogramme. Gräfe und Unzer, München 2002
Regelin, P./Pittroff, U./Niemann, C.: Wellness. Die besten Ideen und Rezepte für die Wohlfühl-Oase zu Hause. Gräfe und Unzer, München 2003
Slomka, G./Regelin, P.: Stretching - aber richtig! BLV, München 2005
Swift, J.: Gullivers Reisen. Insel Taschenbücher, Frankfurt 1996

Bibliographische Information der Deutschen Bibliothek

Die Deutsche Bibliothek verzeichnet diese Publikation in der Deutschen Nationalbibliographie; detaillierte bibliographische Daten sind im Internet über http://dnb.ddb.de abrufbar.

BLV Buchverlag GmbH & Co.KG
80797 München

Bildnachweis:
Alle Fotos von Ulli Seer, außer:
Odlo: S. 2, 7, 72,
Illuscope: S. 8, 32, 40
Hart, Samy: S. 11, 12, 42, 52, 71, 87
Gonso Sportmoden: S.: 28
Kracke, Susanne: S. 46, 47, 48 (2)
Komperdell GmbH: S. 80

Umschlaggestaltung: Joko Sander Werbeagentur, München
Umschlagfotos:
Vorderseite: Peter Widmannn
Rückseite: (links und Mitte) Ulli Seer, (rechts) Odlo

Lektoratsleitung: Sabine Schulz
Lektorat: Christa Klus-Neufanger, Manuela Stern
Herstellung: Rosemarie Schmid
Layoutkonzept Innenteil: fuchs_design, Riemerling
Layout und Satz: Uhl + Massopust, Aalen

Gedruckt auf chlorfrei gebleichtem Papier

Printed in Germany
ISBN 3-405-16924-0

Für Fitness und Gesundheit

Samantha Murphy
Lauf-Guide speziell für Frauen
Für Einsteigerinnen und fortgeschrittene Läuferinnen: Laufen für die Gesundheit, als Herausforderung, zum Spaß, für die Fitness, zum Ausgleich, zum Abnehmen, gegen den Stress, fürs Selbstvertrauen, zum Abschalten.
ISBN 3-405-16716-7

Joanna Hall
Get fit! Feel good!
Gesundheit und Wohlbefinden für Körper, Geist und Seele: effektive Übungen für jeden Fitness-Level und Tipps für mehr Bewegung im Alltag; mit Rezepten für Menüs und Snacks, die in Top-Form bringen.
ISBN 3-405-16656-X

Tanja Linder
Laufprogramme für Frauen
Gezielt trainieren – mehr erreichen: spezielle Laufprogramme für Frauen zum Abnehmen, Bodystylen, Jungbleiben und Entspannen; Laufen in Kombination mit Pilates, Yoga, Thera-Band-Übungen und Stretching.
ISBN 3-405-16873-2

Petra Regelin/
Petra Mommert-Jauch
Nordic Walking – aber richtig!
Die Wirkung auf Körper und Psyche, Ausrüstung, richtige Technik durch Körperwahrnehmung, Fehleranalyse; Training für die Gesundheit, zur Gewichtsreduktion, Leistungssteigerung, Entspannung und bei körperlichen Einschränkungen.
ISBN 3-405-16720-5

Uschi und Ronny Moriabadi
Gut in Form – Muskeltraining für Frauen
Zu Hause trainieren – ganz einfach mit Alltagsgegenständen: Work-out für Rücken, Bauch, Beine und Po; Kurzprogramme gegen Stress, Rückenschmerzen, Zyklusbeschwerden, zum Abnehmen und für gute Laune.
ISBN 3-405-16792-2

Heiko Czichoschewski/Wolfgang Mießner/Achim Schmauderer
Perfect Body-Styling
Das Komplett-Programm für einen schönen Körper: gezieltes Muskeltraining für Arme, Brust, Bauch, Beine, Po und Rücken; effektives Ausdauer- und Fatburner-Training, Stretching, Übungen mit dem Thera-Band, Tipps zu Ernährung und Wellness.
ISBN 3-405-16756-6

Im BLV Buchverlag finden Sie Bücher zu den Themen: Garten und Zimmerpflanzen • Natur • Heimtiere • Jagd und Angeln • Pferde und Reiten • Sport und Fitness • Wandern und Alpinismus • Essen und Trinken

blv

Ausführliche Informationen erhalten Sie bei:

BLV Buchverlag GmbH & Co. KG
Postfach 40 02 20 • 80702 München
Telefon 089/12705-0 • Fax -543 • www.blv.de